GUIDE

DES

CONTRIBUABLES.

F 36051

GUIDE

DES

CONTRIBUABLES.

Par P***. V***.

Chef du Bureau des Contributions du
District du Bourg-de-l'Égalité.

Prix 25 sous broché.

SE TROUVE A PARIS,

Chez COLIN, Hôtel des Indes, rue
Traversière Saint-Honoré, et chez
les Marchands de Nouveautés.

ET AU BOURG-DE-L'ÉGALITÉ,
Au Bureau des Contributions.

1793.

AVERTISSEMENT.

Cᴇᴛ ouvrage a pour but de guider les contribuables dans la marche qu'ils doivent suivre pour n'être pas imposés au-delà de la proportion fixée par les loix, et leur faciliter les moyens d'obtenir les réductions qu'ils ont droit d'attendre, lorsqu'ils ont éprouvé quelques surcharges.

On a recueilli avec la plus scrupuleuse exactitude toutes les dispositions necessaires à connoître dans les loix rendues jusqu'à ce jour sur les contributions foncière et mobiliaire; elles ont été classées avec ordre, de manière que chacun pourra facilement trouver les articles qui le concernent. On a épargné par ce moyen aux contribuables les frais d'une collection volumineuse des différentes loix rendues sur cette matière, et on leur en a facilité l'étude, en en retranchant tout ce qui leur étoit étranger.

On y a joint les modèles de déclarations à faire par chaque contribuable, pour n'être pas imposé au-delà de ses facultés, et les modèles des mémoires à présenter dans le cas où il seroit fondé à former quelque réclamation.

On trouvera aussi dans cet ouvrage différentes lettres et instructions du ministre des contributions, propres à éclaircir plusieurs articles qui avoient donné lieu à différentes interprétations.

GUIDE

GUIDE

DES
CONTRIBUABLES.

CHAPITRE PREMIER.

Contribution foncière.

TITRE PREMIER.

Établissement et fixation de la Contribution foncière.

Loi du 1ᵉʳ. Décembre 1790.

ARTICLE PREMIER.

IL sera établi, à compter du premier janvier 1791, une contribution foncière,

A

qui sera répartie , par égalité proportionnelle , sur toutes les propriétés foncières , à raison de leur revenu net , sans autres exceptions que celles déterminées pour les intérêts de l'agriculture.

II. Le revenu net d'une terre est ce qui reste à son propriétaire , déduction faite, sur le produit brut, des frais de culture , semences , récolte et entretien.

III. Le revenu imposable est le revenu net moyen, calculé sur un nombre d'années déterminées. Ce revenu doit se calculer sur le produit de quinze années.

Il n'est pas nécessaire pour ces évaluations de faire toujours le calcul détaillé et difficile des déductions sur la récolte de chaque propriété ; il suffira que chaque estimateur se dise à lui-même : si j'étois propriétaire de ce bien, je pourrois trouver à l'affermer raisonnablement *tant*; si j'étois dans le cas d'être fermier, je pourrois en rendre la somme de....., c'est-à-dire , le prix que seroit affermée cette propriété , lorsque pour son exploitation le propriétaire ne fourniroit ni bâtimens , ni bestiaux , ni instrumens aratoires, ni semences; mais seroit chargé d'en acquitter la contribution foncière.

Les conventions faites, entre les propriétaires et le fermier, ne devant jamais occasionner ni surcharge, ni modération de cotisation; les officiers municipaux et commissaires adjoints ne pourront exiger la représentation d'aucuns baux, et ne seront pas tenus d'y avoir égard, lors même qu'ils leur seront exhibés.

Loi du 10 Avril 1791.

III. Tout contribuable qui justifiera pour 1791, avoir été cotisé à une somme plus forte que le sixième de son revenu net foncier, à raison du principal de la contribution foncière, aura droit à une réduction, en se conformant aux règles prescrites.

IV. Il sera perçu en outre de ce principal, un sou pour livre pour fonds de non-valeur.

V. Les départemens et les districts doivent fournir aux frais de perception et aux dépenses particulières, mises à

leur charge , par les décrets de l'assemblée nationale , au moyen de sous et
deniers additionnels , en nombre égal ,
sur les contributions foncière et mobiliaire , sans que ces accessoires puissent
excéder 4 sous pour livre du principal
de chacune des contributions.

VI. Si , pour l'année 1791 , dans quelques départemens ou quelques districts ,
les 4 sous pour livre , mentionnés en
l'article précédent , étoient insuffisans ;
le corps législatif y suppléera pour cette
fois seulement , et par un secours pris
sur les fonds de la caisse de l'extraordinaire , sans que , pour l'avenir , pareil
secours puisse leur être accordé.

VII. Les municipalités fourniront
pareillement à la rétribution et aux
taxations de leurs receveurs , au moyen
des deniers additionnels , aux contributions foncière et mobiliaire.

Loi du 17 Juin 1791.

VI. Quant aux sous et deniers additionnels , nécessaires aux municipalités
pour leurs dépenses locales , ils seront ,

(5)

pour la présente année , rapportés par
émargemens , sur la colonne du rôle ,
à ce destiné , après que l'état en aura
été arrêté par les directoires de département , sur l'avis des directoires de districts.

La loi du 14 octobre 1791 , art. XVI ,
porte , pour l'année 1792 , les mêmes
dispositions que celles contenues en
l'article précédent.

Loi du 2 août 1792.

Art. Ier. La proportion de la contribution
foncière , avec le revenu net foncier , au-
dessus de laquelle la cotisation de chaque
contribuable ne doit pas s'élever , est
fixée pour 1792 , au cinquième du revenu net foncier.

En conséquence , tout contribuable
qui justifiera avoir été cotisé , à une
somme plus forte que le cinquième de
son revenu net foncier , à raison du
principal de la contribution foncière ,
aura droit , pour 1792 , à une réduction , en se conformant aux règles prescrites par la loi , du 28 août 1791 , sur
les décharges et modérations.

A 3

TITRE II.

Des Déclarations à fournir par les Contribuables.

La loi du premier décembre 1790, titre II, article IV, porte : que dans le délai de quinze jours, après la formation et publication des états de sections, tous les propriétaires feront (pour 1791) au secrétariat de la municipalité, par eux ou par leurs fermiers, régisseurs ou fondés de pouvoirs, et dans la forme ci-après indiquée, une déclaration de la nature et de la contenance (1) de leurs différentes propriétés.

---

(1) La déclaration de la contenance de chaque propriété sera faite en se servant des mesures locales, quels que soient leur étendue et leurs noms tels qu'arpens, journaux, acres, mines, etc. L'on ne sera obligé de se servir de la mesure d'ordonnance, que pour les terreins qui devront jouir des exceptions détaillées au titre III du décret.

COMMUNAUTE D

SECTION

d

Le blanc laissé
après le mot
soussigné, ser-
vira à remplir
le nom du Pro-
priétaire dé-
clarant lui-mê-
me ou celui de
son Fermier,
Régisseur ou
fondé de Pro-
curation dé-
clarant pour
lui.

Exprimer si
le Propriétaire
fait valoir ou
occupe par lui-
même, ou s'il
a affermé l'ob-
jet déclaré.

Si le déclarant
possède dans
la même Sec-
tion, diverses
propriétés, il
les distinguera
dans sa décla-
ration par 1°.
2°. 3°. &c.

Le Citoyen

demeurant à

J E soussigné

        Propriétaire
dans la Communauté
déclare que   possède, sur le
territoire de ladite Communauté,
dans la Section d
un   de la contenance
d
l quel

A 4

Ces déclarations pourront être reçues si le déclarant ne sait pas écrire, par le secrétaire-greffier de la municipalité, sans aucun frais, et ensuite le déclarant signera ; s'il ne sait pas même donner sa signature, la déclaration sera signée par deux officiers municipaux ou commissaires présens, et par le secrétaire-greffier.

Les propriétaires doivent faire autant de déclaration qu'il existera dans la commune de sections dans lesquelles ils possèdent des fonds.

Le délai prescrit par la loi étant passé, les officiers municipaux et commissaires-adjoints procéderont à l'examen des déclarations et suppléeront, d'après leurs connoissances locales, à celles qui n'auroient pas été faites ou qui se trouveroient inexactes.

Il sera libre à tous les contribuables de prendre communication de ces déclarations au secrétariat de la municipalité.

Dans le cas où les déclarations seroient trouvées inexactes, les officiers municipaux et commissaires - adjoints, après avoir fait avertir les propriétaires - fermiers, régisseurs ou fondés de pouvoir, rectifieront celles qui seroient inexactes par une apostille, mise au bas de ces déclarations, et suppléeront à celles qui n'auront pas été fournies par un arrêté particulier pour chaque n°. de propriété.

Chaque propriété doit être évaluée sans avoir égard aux rentes ou prestations dont elle peut être grevée.

Pour l'année 1792, ces déclarations doivent être faites avant le premier décembre 1791, ainsi de suite pour les autres années.

Il est bon d'observer qu'il n'est pas nécessaire de faire une déclaration chaque année, à moins qu'il n'y ait quelques rectifications à faire ; il suffira, à l'époque ci-dessus fixée, de faire la déclaration des changemens qui ont pu avoir lieu dans le cours de l'année.

TITRE III.

Des rentes ou autres prestations dont les propriétés peuvent être grevées.

Loi du 1er. Décembre 1790.

Art. VI. Les propriétaires dont les fonds

sont grevés de rentes ci-devant seigneu-
riales ou foncières, d'agriers, de champarts ou d'autres prestations soit en argent,
soit en denrées, soit en quotité de fruits;
feront en acquittant ces rentes ou prestations une retenue proportionnelle à la
contribution, sans préjudice de l'exécution des baux à rente, faits sous la
condition de la non-retenue des impositions.

VII. Les débiteurs d'intérêts et de
rentes perpétuelles constituées avant la
publication du présent décret, et qui
étoient autorisées à faire la retenue des
impositions, feront la retenue à leurs
créanciers dans la proportion de la contribution foncière.

VIII. Les débiteurs de rentes viagères
constituées avant la même époque et
sujettes aux mêmes conditions, ne feront
la retenue que dans la proportion de
l'intérêt que le capital eut porté en
rentes perpétuelles, lorsque ce capital
sera connu, et quand le capital ne sera
pas connu; la retenue sera de moitié de la
proportion de la contribution foncière.

IX. A l'avenir les stipulations entre

les contractans , sur la retenue de la contribution foncière , seront entièrement libres , mais elle aura toujours lieu , à moins que le contrat ne porte la condition expresse de non-retenue.

Nota. Par la loi du 10 Juin 1791 , les débiteurs de rentes , autorisés par les articles ci-dessus cités , à en faire la retenue , doivent la faire au cinquième du montant desdites rentes ou prestations , pour l'année 1791.

Quant aux rentes ou pensions viagères non-stipulées , exemptes de la retenue , les débiteurs la feront aussi au cinquième , mais-seulement sur le revenu que le capital , s'il est connu , produiroit au denier vingt , et dans le cas où le capital ne seroit pas connu , la retenue ne se fera qu'au dixième du montant de la rente ou pension viagère.

Le débiteur fera la retenue au moment où il acquittera la rente ou prestation ; elle sera faite en argent sur celles en argent , et en nature sur les rentes en denrées , et sur les prestations en quotité de fruit.

Une autre loi, du 2 août 1792, ayant fixé au cinquième pour 1792, la proportion de la contribution foncière avec le revenu foncier, au lieu du sixième.

Les débiteurs de rentes perpétuelles ou autres prestations, sont autorisés à faire la retenue au quart du montant desdites rentes ou prestations pour l'année 1792.

Les débiteurs de rentes ou pensions viagères feront aussi ladite retenue au quart, mais seulement sur le revenu que le capital, s'il est connu, produiroit au denier vingt, et dans le cas où le capital ne sera pas connu, ils la feront au huitième du montant de la rente ou pension viagère.

Cette même loi porte : que les débiteurs de rentes perpétuelles ou viagères et de prestations quelconques sujettes à retenue qui, ayant fait des paiemens avant la publication de la présente loi, n'auroient fait la retenue pour 1792, qu'à un taux inférieur à celui déterminé par cette même loi, sont autorisés à se faire restituer jusqu'à concurrence du montant de la retenue fixée par le décret.

La loi du 10 décembre 1790 porte : qu'il n'y a pas lieu à délibérer sur la motion tendante à établir une imposition particulière sur les rentes dues par l'Etat ; chacun des créanciers de la nation devant contribuer, comme citoyen, dans l'impôt personnel, en proportion de toutes ses facultés.

Loi du 24 Janvier 1792.

Art. Ier. L'intérêt de tous les capitaux liquidés et à liquider, et des sommes dues aux créanciers des corps et communautés ecclésiastiques, pour dettes exigibles, à compter du jour où cet intérêt est dû, suivant les loix antérieures, continuera d'être calculé à cinq pour cent, mais sera sujet à la retenue des deux vingtièmes, et quatre sous pour livre du premier vingtième, jusqu'au premier janvier 1791 ; et depuis cette époque, à la retenue du cinquième, conformément à la loi du 10 juin 1791.

Nota. Pour 1792 la retenue doit être du quart, conformément à la loi du 2 août de la même année.

II. L'intérêt moratoire des sommes adjugées judiciellement, soit aux créanciers de l'état, soit aux corps et communautés ecclésiastiques ou laïques, sera calculé sur le même pied, et sujet à la même retenue.

III. Cette retenue sera pareillement faite sur les intérêts dûs pour raison des contrats souscrits par les communautés religieuses, les corporations judiciaires, les communautés d'arts et métiers, les pays-d'état, et généralement sur tous intérêts dûs par la nation, comme succédant au débiteur originaire, dans tous les cas où les débiteurs n'auroient pas été autorisés, par lettres-patentes duement enregistrées, à stipuler la non-retenue d'impôts, ainsi que sur tous les intérêts moratoires.

IV. Les rentes à quatre pour cent et au-dessous, seront exemptes de la retenue, lorsque les parties l'auront ainsi stipulée.

Loi du 21 Mars 1791.

Les intérêts dûs par la nation pour emprunts contractés par les ci-devant pays-d'état, avec la stipulation de non-retenue

des impositions continueront d'être payés,
comme par le passé, pourvu toutefois que
ladite stipulation de non-retenue ait été
autorisée dans les formes ci-devant prescrites et usitées pour les différens pays-
d'état ; ladite autorisation équivalant
aux lettres-patentes, duement enregistrées, exigées par l'article III de la loi
du 24 janvier précédent.

TITRE IV.

Des évaluations de chaque nature de propriété.

Loi du 1er. décembre 1790.

Art. X. Pour déterminer la cote de
contribution des maisons, il doit être
déduit un quart sur leur revenu, en considération du dépérissement et des frais
d'entretien ou de réparation.

Ce revenu doit être évalué au taux
moyen des loyers de la communauté.
Au moyen de la déduction du quart,
on ne fait aucune autre déduction lors
de la première construction des maisons,
ni lorsqu'elles ont nécessité de fortes

réparations seulement ; les maisons neuves ne doivent être cotisées que pour l'année qui suivra celle pendant laquelle elles auront commencé à être habitées, et jusqu'à cette époque, le terrein sur lequel elles seront construites acquittera la même contribution qu'auparavant.

XI. La cotisation des maisons, situées hors des villes, lorsqu'elles seront habitées par leurs propriétaires, et sans valeur locative, sera faite à raison de l'étendue du terrein qu'elles occupent, si elles n'ont qu'un rez-de-chaussée ; la cotisation sera double, si elles ont un étage ; triple pour deux, et ainsi de suite pour chaque étage de plus.

Le terrein sera évalué sur le pied des meilleures terres labourables de la communauté ; les greniers ne doivent pas être considérés comme étages.

Cet article ayant donné lieu à différentes interprétations ;

Le ministre des contributions publiques, par sa lettre du 28 février 1792, adressée à tous les corps administratifs, a indiqué la manière dont cet article devoit être interprété ; il a décidé que cette exception ne devoit s'appliquer qu'aux habitations d'agrémens et maisons de campagne isolées, occupées hors des villes par les propriétaires, sans que ces maisons fassent cependant leur résidence habituelle, et que cette exception ne devoit pas avoir lieu à l'égard de ces mêmes maisons d'agrément, lorsqu'elles existent en grand nombre dans une seule et même communauté, comme cela se remarque dans les villages qui avoisinent les grandes villes.

Mais que, dans une communauté qui ne comprendroit que les maisons villageoises, et où se trouveroit isolément une de ces maisons construites à grand frais, et dans lesquelles les propriétaires viennent, pendant quelques mois, chercher les agrémens de la campagne, ou surveiller la régie de leurs biens, n'y ayant alors aucune comparaison possible à établir entre ces deux espèces d'habitation absolument diverses, c'est dans ce cas seulement que l'article XI doit avoir son exécution.

Cet article XI a depuis été abrogé pour

1792, par la loi du 3 septembre de la même
année, comme s'éloignant du principe
général, qui veut que la contribution
foncière soit repartie par égalité proportionnelle sur toutes les propriétés
foncières, à raison de leur revenu net,
et sur le motif qu'il ne peut y avoir
de maisons qui, lorsqu'elles sont lo-
geables, puissent être réellement ré-
putées sans valeur locative.

XII. Quant aux maisons qui auront
été inhabitées pendant toute la durée
de l'année expirante, au jour de la confection du rôle, elles seront cotisées,
seulement à raison du terrein qu'elles
occupent, évalué sur le pied des meilleures terres labourables de la communauté, quelque soit le nombre d'é-
tages qu'ayent les bâtimens.

S'il n'y a pas de terres labourables
dans une communauté, l'évaluation
se fera d'après celles de la communauté
la plus voisine.

XIII. Les bâtimens servant aux exploitations rurales, ne seront pas soumis à la contribution foncière, mais le
terrein qu'ils occupent sera évalué au

taux des meilleures terres labourables de la communauté.

On entend par bâtimens servant aux exploitations rurales, les granges, greniers, caves, celliers, écuries, étables, pressoirs, et tous les autres bâtimens qui servent au logement des bestiaux d'une exploitation, ou à en serrer les récoltes, et l'on doit évaluer le terrein occupé, tant par les bâtimens que par les cours, au taux des meilleurs terres labourables de la communauté.

XIV. Les fabriques et manufactures, les forges, moulins et autres usines, seront cotisées, à raison de deux tiers de leur valeur locative, en considération du dépérissement et des frais d'entretien, et de réparations qu'exigent ces objets.

XV. Les mines ne seront évaluées qu'à raison de la superficie du terrein occupé pour leur exploitation.

XVI. Il en sera de même pour les carrières ; l'on entend par le terrein qu'occupent les mines et carrières, non-seulement celui de leur ouverture, mais encore tous ceux où sont les réserves d'eau, leurs déblais, et les chemins qui ne sont qu'à leur usage.

XVII. Les terreins enclos seront évalués d'après les mêmes règles, et dans les mêmes proportions que les terreins non-enclos, donnant le même genre de productions.

Les terreins enlevés à la culture pour le pur agrément, seront évalués au taux des meilleures terres labourables de la communauté.

L'évaluation de ces terreins doit-être faite, sans avoir égard aux clôtures, soit de haies, de fossés, ou de muraille, de manière que les bois, les prés, les pâturages, les vignes, les vergers et potagers qu'elles contiennent, soient estimés au même taux que les terreins non-enclos, d'égale qualité, et donnant les mêmes productions; mais dans cette estimation il ne faudra non plus admettre aucunes déductions de revenu pour les constructions, ni pour l'entretien des clôtures.

Dans les enclos qui contiennent des bois, prés, vignes, etc. il faudra évaluer séparément chaque nature de biens.

Quant aux terreins enlevés à la culture pour le pur agrément, tels que les parterres, pièces d'eau, etc. ils doivent être taxés comme les meilleures terres labourables de la communauté.

C'est sur-tout en évaluant les vignes, champs et jardins, plantés d'arbres fruitiers, que l'on ne doit pas oublier que le revenu net est seul imposable; car le produit de ces biens n'est, en grande partie, que le remboursement des dépenses : il en est de même des produits que donnent les oliviers, les noyers, les mûriers, les châtaigniers, et autres arbres fruitiers, qui sont aussi très-casuels, le revenu que l'on en obtient sera calculé sur quinze années, en tenant compte des frais nécessaires de replantation partielle.

On doit aussi avoir égard, dans l'évaluation des revenus, aux propriétés qui, exigeant des frais de culture habituels, ne donnent cependant aucun produit pendant plusieurs années.

XVIII. L'évaluation des bois en coupe réglée, sera faite d'après le prix moyen de leurs coupes annuelles.

Il faudra faire un prix moyen des ventes de ces bois. Si le taillis, par exemple, est divisé en quinze coupes annuelles, le revenu est le quinzième du prix de la totalité des ventes; il en est de même pour les futaies qui sont en coupe réglée.

XIX. L'évaluation des bois taillis qui ne sont pas en coupe réglée, sera faite d'après leur comparaison, avec les autres bois de la communauté ou du canton.

Si, par son peu d'étendue, ou pour d'autres causes, un bois n'est pas en coupe réglée, il sera facile de l'estimer, d'après les mêmes règles que ceux qui y sont. Par exemple, si un bois a quinze arpens, et est de même qualité que les bois taillis, qui se coupent tous les quinze ans, quand bien même le propriétaire ne feroit une coupe que tous les quinze ans, ou bien une de quelques arpens, tous les quatre ou cinq ans, il faudra estimer le revenu de son bois comme s'il en coupoit un arpent par an.

Pour évaluer le revenu des bois, il faut les estimer au prix qu'ils valent

sur pied , et en déduire les frais de
garde et de repeuplement.

Loi du 20 Juillet 1791.

Relative à l'évaluation des bois et forêts , et des tourbières

Article premier. Tous les bois au-
dessous de l'âge de trente ans , seront
réputés taillis , et seront évalués et cotisés conformément aux dispositions des
articles XVIII et XIX de la loi du premier décembre 1790.

II. Les bois actuellement existans , et
âgés de plus de trente ans , seront estimés à leur valeur actuelle , et cotisés
jusqu'à leurs exploitations , comme s'ils
produisoient un revenu égal à deux et
demi pour cent de cette valeur.

III. A l'avenir , lorsqu'un bois at-
teindra l'âge de trente ans , sans être
amenagé en coupes réglées , il sera es-
timé à sa valeur , et cotisé jusqu'à son
exploitation , sur le pied d'un revenu égal
à deux et demi pour cent de cette valeur.

IV. L'évaluation du revenu des forêts en futaies , amenagées en coupes

réglées , lorsqu'elles s'étendront sur le territoire de plusieurs communautés d'un même district , sera faite par le directoire du district , et le revenu sera porté aux rôles de chaque communauté , en proportion du nombre d'arpens qui sont sur son territoire.

V. L'évaluation des forêts en futaies , amenagées en coupes réglées , lorsqu'elles s'étendront sur le territoire de plusieurs districts d'un même département , sera faite par le directoire du département , et le revenu porté au rôle de chaque communauté , en proportion du nombre d'arpent qui sont sur son territoire.

VI. Le revenu des forêts qui s'étendront sur plusieurs départemens , sera évalué séparément dans chaque département.

VII. Lorsqu'un terrein sera exploité en tourbière , on évaluera , pendant les dix années qui suivront le commencement du tourbage , son revenu au double de la somme à laquelle il étoit évalué l'année précédente.

VIII. Il sera fait note sur chaque rôle,
de

de l'année où doit finir ce doublement d'évaluation, après ces dix années ces terreins seront cotisés comme les autres propriétés.

Loi du 25 Février 1791,

Relative aux droits de péage et autres non supprimés.

Article premier. Les droits de péages, et autres de même nature non supprimés par l'article XIII, du titre 2, du décret concernant les droits féodaux, en date du 24 mars 1790, seront soumis à la contribution foncière à raison de leur revenu net.

II. Le revenu net des canaux de navigation sera de même soumis à la contribution foncière.

VI. Seront compris dans l'évaluation des revenus et des charges du canal, les ouvrages d'art, les réserves d'eau, les chemins de hallage et les berges et fremgbords, qui ne produisent aucuns fruits.

VII. Les moulins et autres usines, fabriqués et construits sur les canaux, les plantations, et autres natures de biens qui avoisinent les canaux, et appar-

B

tiennent aux mêmes propriétaires, ne seront point compris dans l'évaluation générale du revenu du canal, mais seront soumis à toutes les règles fixées pour les autres biens-fonds.

VIII. Les propriétaires de canaux seront tenus, dans le délai de quinze jours, après la publication du présent décret, de faire aux secrétariats de districts ou de département, qui devront faire des évaluations, une déclaration détaillée de la totalité des revenus et charges de leur canal.

XI. La contribution foncière, supportée par les canaux, dans chaque district, sera payée directement au trésorier du district.

TITRE V.

Des exceptions.

Loi du 1er. Décembre 1790.

Tit. 3, art. Ier. Les marais, les terres vaines et vagues seront assujettis à la contribution foncière, quelque modique que soit leur produit.

II. La taxe qui sera établie sur ces terreins pourra n'être que de trois deniers par arpent, mesure d'ordonnance ; l'on entend par arpent, mesure d'ordonnance, la mesure prescrite par les ordonnances des eaux et forêts, qui est de cent perches de vingt-deux pieds chacune,

Lorsque les marais et terres vaines et vagues donnent un produit un peu considérable, ne fût - ce que pour le pâturage des bestiaux, pendant une partie de l'année, leur cotisation doit être faite d'après les mêmes règles et les mêmes proportions que celles suivies pour les propriétés.

III. Les particuliers ne pourront s'affranchir de la contribution, à laquelle leurs marais, terres vaines et vagues, devroient être soumis, qu'en renonçant à ses propriétés, au profit de la communauté, dans le territoire de laquelle ces terreins sont situés. La déclaration détaillée de cet abandon perpétuel sera faite par écrit au secrétariat de la municipalité, par le propriétaire ou par un fondé de pouvoir spécial ; les mineurs, les tuteurs, curateurs, administrateurs usufruitiers , n'ont droit de faire cet abandon , qu'en remplissant les formalités exigées pour l'aliénation des biens en valeur.

Les cotisations des objets , ainsi abandonnés , dans les rôles faits antérieurement à la cession , resteront à la charge de l'ancien propriétaire. Cette clause ne peut gêner en rien la disposition qu'il voudroit en faire , par vente ou par cession, à d'autres particuliers qui acquitteroient les contributions.

IV. La taxe des marais , terres vaines et vagues , situés dans l'étendue du territoire d'une communauté , qui n'ont ou n'auront aucun propriétaire particulier , sera supportée par la communauté , et sera acquittée ainsi que les autres cotisations des biens communaux.

V. A l'avenir, la cotisation des marais qui seront deséchés , ne pourra être augmentée pendant les vingt-cinq premières années , après leur desséchement. On ne doit pas considérer comme marécages des prairies qui donnent maintenant des foins, ou servent de paturages, et dont quelques fossés peuvent augmenter beaucoup la valeur. L'on ne doit entendre par marais que les terreins qui, étant couverts d'eau la majeure partie de l'année, ne donnent presqu'aucun produit, et que l'on ne pent dessécher qu'en construisant des ouvrages d'art, ou lorsqu'il faut sacrifier des moulins pour y parvenir, soit qu'on les achète, ou que l'on en ait été auparavant le propriétaire.

VI. La cotisation des terres vaines et vagues, depuis vingt-cinq ans, et qui seront mises en culture, ne pourra de même être augmentée pendant les quinze premières années après leur défrichement.

L'on n'entend point par terres vaines et vagues, celles qui sont en friche depuis dix ou quinze ans, tems pendant lequel, dans des pays peu fertiles, on laisse reposer les terres, ni celles chargées de quelques productions en bois; mais seulement celles qui depuis vingt-cinq années, n'ayant donné aucunes récoltes, pourront être défrichées, conformément aux édits de 1764 et autres suivans sur les desséchemens et défrichemens , avec cette seule différence que , par ces loix antérieures , il falloit que ces terreins eussent été incultes depuis quarante ans , et qu'il suffit aujourd'hui pour qu'ils soient regardés comme terres vaines et vagues , qu'ils aient été en friche depuis vingt - cinq années seulement.

VII. La cotisation des terres en friche , depuis vingt-cinq ans , qui seront plantées ou semées en bois , ne pourra non plus être augmentée pendant les trente premières années du semis ou de la plantation.

VIII. La cotisation des terreins en friche , depuis vingt-cinq ans , et qui seront plantés en vignes , mûriers ou autres arbres fruitiers , ne pourra être augmentée pendant les vingt premières années.

IX. Les terreins déjà en valeur , et qui seront plantés en vignes , mûriers ou autres arbres fruitiers , ne seront , pendant les quinze premières années , évaluées qu'au même taux des terres d'égale valeur et non-plantées.

X. Les terreins maintenant en valeur

et qui seront plantés ou semés en
bois ne seront, pendant les trente premières années, évalués qu'au même
taux des terres d'égale valeur et non-
plantées.

XI. Pour jouir de ces divers avantages, le propriétaire sera tenu de faire
au secrétariat de la municipalité, et
à celui du district, dans l'étendue desquels les biens sont situés, et avant
de commencer les desséchemens, défrichemens ou autres améliorations, une
déclaration détaillée des terreins qu'il
voudra ainsi améliorer.

XII. Cette déclaration sera inscrite
sur les registres de la municipalité,
qui sera tenue de faire la visite des
terreins desséchés, défrichés et amé-
liorés, et d'en dresser procès-verbal,
dont elle fera passer une expédition au
directoire de son district, qui en tiendra
aussi registre. A la première réquisition
du déclarant, le secrétaire du district
lui en délivrera, sans frais, une copie
visée des membres du directoire. La
copie de ce procès-verbal servira de
titre au déclarant.

Cette déclaration détaillée des terreins à défricher, dessécher ou planter, servira d'époque pour l'exception, au taux de la contribution, qui datera du premier janvier suivant.

XIII. Les terreins précédemment desséchés ou défrichés, et qui, conformément à l'édit de 1764, et autres sur les défrichemens ou desséchemens, jouissoient de l'exemption d'impôt, ne seront taxés qu'à raison d'un sou par arpent, mesure d'ordonnance, jusqu'au temps où l'exemption d'impôt doit cesser.

XIV. Sur chaque rôle de la contribution foncière, à l'article de chacune des propriétés qui jouissent ou jouiront de ces divers avantages, donnés pour l'encouragement de l'agriculture, il sera fait mention de l'année où ces biens doivent cesser d'en jouir.

Lorsque le temps fixé pour ces modérations de contributions, sera expiré, les biens qui en auront joui, seront ensuite évalués et cotisés d'après les mêmes règles, et dans les mêmes proportions que les autres biens de la communauté, qui sont depuis long-temps en valeur.

TITRE VI.

Des obligations des fermiers envers les propriétaires, relativement à la dîme, aux vingtièmes, capitation, taille et autres contributions dont ils pouvoient être tenus.

Loi du 10 Avril 1791.

Art. Ier. La valeur de la dîme de chaque fermage étant une fois fixée à l'amiable ou à dire d'expert, le fermier, jusqu'à l'expiration de son bail, en paiera le montant chaque année au propriétaire, en argent, aux mêmes époques et dans la même proportion que le prix des fermages.

II. Aux mêmes époques, le fermier paiera de plus chaque année, jusqu'à l'expiration de son bail, aux propriétaires ou possesseurs, une somme égale à celles des taille, accessoires, capitation taillable, fouages, impositions équivalentes et contribution pour les chemins, auxquelles il aura été person-

nellement cotisé sur les rôles de 1790,
à raison de chaque fermage.

III Les fermiers, sous-fermiers, métayers ou colons, qui par leurs baux
étoient expressément assujettis à l'ac-
quittement des vingtièmes, tiendront
compte chaque année au propriétaire,
d'une somme égale à celle que le bien
affermé a dû acquitter en 1790 pour cet
objet. Ils en feront les paiemens aux
mêmes époques que celles ci - dessus
fixées.

IV. Les fermiers, sous-fermiers, métayers et colons ne pourront être assujettis à aucune autre indemnité, soit à
raison des anciennes impositions dont
ils étoient tenus personnellement, soit à
raison de celles qui seront désormais à la
charge des propriétaires qui doivent acquitter la contribution foncière, quelques soient les clauses qui ayent pu être
insérées dans les baux passés avant la
publication du décret des 20, 22, et
23 novembre 1790.

V. Les sous-fermiers, métayers et colons tiendront compte au fermier des
impositions et de la dîme, suivant les

règles prescrites par les articles précédens ; et le fermier tiendra compte au
propriétaire de toutes les sommes qu'il
aura droit de recevoir d'eux pour cette
indemnité.

VI. Les propriétaires qui ont passé
des baux après la promulgation du décret du 14 avril dernier, ne pourront
réclamer de leurs fermiers, sous-fermiers, métayers ou colons, la valeur de
la dîme, à moins que ce ne soit une
clause expresse du bail.

VII. Les fermiers, sous-fermiers, métayers ou colons, dont les baux ont été
passés depuis la publication du décret
sur la contribution foncière des 20, 22
et 23 novembre dernier, ne tiendront
compte au propriétaire d'aucune portion
de cette contribution, ni des sous pour
livre répartis au marc la livre, à moins
que ce ne soit une clause expresse du
bail.

VIII. Les colons ou métayers qui par-
tagent les fruits récoltés avec le propriétaire, fermier ou sous-fermier, leur
tiendront compte, conformément aux
articles précédens, de la valeur de la

dîme en proportion de la quotité de fruits qui leur appartient , et du montant des impositions auxquelles ils ont été cotisés en 1790 , à raison de leur exploitation.

IX. Tout propriétaire qui voudra former demande en justice pour le paiement des sommes dont son fermier devra lui tenir compte , tant à raison de la dîme que des impositions , réduira l'objet de sa demande en somme déterminée , et cependant il nommera dans son acte l'expert dont il entend faire choix pour procéder à une nouvelle évaluation , dans le cas où la sienne seroit contestée ;

Et ce cas arrivant , les frais de l'expertise seront supportés ; savoir , par le propriétaire , si son évaluation est jugée trop forte , et par le fermier , si elle est jugée juste.

X. Lorsque le propriétaire n'aura point formé de demande , le fermier pourra faire offre , par acte extrajudiciaire , d'une somme déterminée pour la valeur de la dîme et le montant d'imposition dont il doit tenir compte , en

désignant

désignant néanmoins l'expert dont il entend faire choix pour procéder à une nouvelle évaluation, au cas où la sienne seroit contestée. Si son offre est refusée et jugée insuffisante, les frais d'expertise seront à sa charge; et dans le cas contraire, ils seront payés par le propriétaire.

XI. Lorsque la valeur de la dîme et le remplacement des anciennes impositions, qui étoient à la charge du fermier, seront dûs à un propriéaire pour raison d'un même fermage, la demande ou l'offre comprendront les deux objets.

XII. Les tuteurs, curateurs et autres administrateurs pourront traiter de gré à gré avec les fermiers ou colons, former des demandes, et accepter les offres qui leur seront faites.

Loi du 10 Décembre 1790,

Conecrnant la dîme ecclésiastique, inféodée et les baux passés pour des biens nationaux.

Les fermiers et colons des fonds dont les fruits étoient sujets à la dîme ecclésiastique ou inféodée, seront tenus de payer à compter des récoltes de l'année

C

1791 , aux propriétaires , la valeur de
la dîme qu'ils acquittoient , suivant la
liquidation qui en sera faite à l'amiable , ou par devant les juges qui en doivent connoître ; il en sera de même par
rapport aux baux passés pour biens nationaux.

Loi du 6 Août 1791.

*Relative aux concessions ci-devant faites
dans les départemens du Finistère, du
Morbihan et des Côtes du Nord, sous
les titres de baux à convenant ou domaines congéables.*

X. Pour éviter toute contestation
entre les fonciers et les domaniers ,
nonobstant la loi du 10 décembre précédent , auquel il est dérogé quant à ce ,
pour ce regard seulement et sans tirer
à conséquence pour l'avenir ; les domaniers profiteront pendant la durée des
baillés actuels de l'exemption de la
dîme , mais ils acquitteront la totalité
des impositions foncières , et ils retiendront au foncier sur la redevance convenancière , une partie de cet impôt
proportionnellement à ladite redevance.

OBSERVATIONS essentielles pour connoître le montant de l'imposition dont un fermier doit tenir compte à son propriétaire, en vertu de la loi ci-dessus citée.

Un fermier étant souvent imposé, dans un même article, pour des objets qu'il tient de différens particuliers, ou qui lui appartiennent en propre ; un propriétaire se trouve embarrassé, sur-tout dans les pays où la taille étoit mixte, lorsqu'il faut fixer le montant de l'imposition, dont ce fermier doit lui tenir compte.

On a cru devoir en conséquence indiquer un moyen, simple et facile, d'établir le montant de cette imposition.

Nota. On ne parle ici que des biens situés dans l'étendue de la ci-devant généralité de Paris.

On distinguoit dans la ci-devant généralité de Paris, deux sortes de taille, la taille réelle et la taille personnelle.

La taille réelle étoit composée de l'exploitation des terres en propre ou à loyer ;

Des terres exploitées en corps de ferme ;

Des moulins,

Des dîmes,

Champarts,

Usines,

Cens, rentes et droits seigneuriaux, etc.

La taille personnelle étoit composée des revenus en moulins, usines, maisons en propre ou données à loyer, un quart déduit ; Des fonds exploitées en propre, des fonds donnés à loyer, des rentes actives ;

De l'industrie des laboureurs, commerçans, artisans, journaliers, etc.

Les terres et autres objets ci-dessus détaillés donnoient lieu à une taille réelle, sous le nom d'exploitation, soit qu'ils fussent exploités par les propriétaires taillables, soit qu'ils le fussent par des fermiers ; ils donnoient également lieu à la taille personnelle et dans la personne du propriétaire, et dans celle du fermier ; dans la personne du propriétaire à titre de revenus, dans la personne du fermier à titre d'industrie ou de bénéfice d'exploitation , qui étoit fixé au dixième de la taille réelle.

Le taux de la taille réelle ou d'exploitation varioit , depuis quatre sous jusqu'à trois deniers , suivant le prix des terres.

La taille personnelle étoit fixe , et étoit du sou pour livre.

Les taux ci-dessus énoncés n'étoient que pour le principal de la taille seulement ; il y étoit joint en outre des impositions accessoires , sous le nom de second brevet et capitation. La prestation ou remplacement de la corvée , quoiqu'elle ne fît pas partie de la taille , étoit aussi portée sur le même rôle.

Pour connoître donc au juste le montant de l'imposition , dont un fermier doit tenir compte à son propriétaire , il est nécessaire de connoître quel étoit le taux de la communauté où les biens étoient situés , quelle a été la diminution en 1790 , provenant de l'imposition des privilégiés , quel étoit en outre le taux du second brevet de la capitation et de la prestation. Il est bon d'observer que les accessoires ne varioient guère , et qu'ils étoient ordinairement de vingt-deux à vingt-trois sous pour livre du principal de la taille, non-compris la prestation qui étoit ordinairement de deux sous six deniers environ, aussi du principal de la taille. Ces taux une fois connus, on opère ainsi qu'il suit :

E X E M P L E.

On suppose qu'un fermier tient d'un propriétaire un corps de ferme, dont les terres sont estimées au rôle 3,000 #.

Et que le taux de la taille réelle ou d'exploitation, est de deux sous.

ÉVALUATION 3,000#

Taux à deux sous pour livre..................... 300# » ſ » ð

Bénéfice d'exploitation au dixième de la taille réelle.................... 30 » »

____

TOTAL du principal de la taille .... 330 » »

Ci-contre............... 330^{tt} » »

On suppose que la diminution provenant de l'imposition des ci devant privilégiés, est de dix sous pour livre............... 165 » »

Reste pour le principal de la taille............... 165 » »

Second brevet à dix sous pour livre du principal de la taille............... 82 10 »

Capitation à douze sous pour livre du principal... 99 » »

Prestation à deux sous six deniers pour livre aussi du principal............... 20 12 6

Total de l'imposition due par le fermier......... 367^{tt} 2ſ 6∂

C 4

TITRE VII.

Des demandes en décharge et réduction, remise ou modération.

Il est nécessaire d'avoir une notion bien nette des différentes natures de demandes qui peuvent être formées par les contribuables. L'instruction adressée à tous les départemens, s'explique ainsi :

Ou un contribuable a été cotisé pour un objet qui ne lui appartenoit pas, ou qui étoit déjà imposé dans un autre communauté ; et alors, si le fait est constaté, il y a lieu de lui accorder une décharge.

Ou sa cotisation, quoique régulièrement assise, a été portée à un taux qui excède la proportion de son véritable revenu ; et alors, il est fondé à réclamer une ordonnance de réduction.

Ou bien il a été cotisé sur le pied de son revenu véritable ; mais par des circonstances momentanées, telles que maladies, interruption de commerce, ou par un fléau extraordinaire, comme

grêle, orage, incendie et autres vimaires, il se trouve dans l'impossibilité d'acquitter pour telle année ses impositions,
ou une partie d'icelles ; alors le directoire de département peut venir à son
secours, soit par une ordonnance de
remise, qui le dispense d'acquitter la
totalité de son imposition, ou seulement
par une ordonnance de modération.

La décharge et la réduction sont de
justice rigoureuse ; quand elles sont
dues, elles ne peuvent pas ne pas être
accordées.

La remise ou la modération au contraire tiennent plus à l'humanité et à
la bienfaisance, qu'à la justice distribu-
tive, et la quotité de l'allégement à
accorder, peut être subordonnée à la
latitude, plus ou moins grande, que laisse
la fixation du fonds destiné à pourvoir à
ces non-valeurs.

Une ordonnance en décharge ou réduction, est un réglement de cote, qui
non-seulement porte sur le rôle actuel,
mais doit encore influer sur la cotisation du contribuable, pendant les
années subséquentes, tant que la

proportion de l'imposition restera la même.

L'ordonnance de remise ou modération est une dispense totale ou partielle du paiement, mais qui n'altère pas la cotisation, laquelle peut toujours rester la même, dans le rôle de l'année suivante.

Enfin l'ordonnance de décharge ou de réduction, corrige une erreur de rôle. L'ordonnance de remise ou modération est un adoucissement momentané du paiement à effectuer par le contribuable.

Il est encore une autre distinction à faire sur les ordonnances de remise ou de modération.

Les motifs de ces sortes d'ordonnances, ainsi que cela vient d'être expliqué, tiennent toujours à des causes momentanées et accidentelles.

Mais, parmi ces causes accidentelles et momentanées, il y a lieu de distinguer 1°. celles qui diminuent les revenus fonciers, comme un orage, une grêle, une non-location ; 2°. celles qui tiennent à la personne ou autres natures de faculté, comme maladie, charge de nombreuse famille, perte de commerce, etc.

Les premières seules peuvent motiver une remise ou une modération sur les impositions réelles ; les autres ne peuvent procurer de remise ou de modération que sur les impositions personnelles.

Les formes suivant lesquelles devront être décidées toutes les contestations en matières d'impositions directes, sont déterminées par les loix ci-après.

Loi du 1er. Décembre 1790.

Titre IV, article Ier. Les contribuables qui, en matière de contribution directe, se plaindront du taux de leur cotisation, s'adresseront d'abord au directoire de district, lequel prononcera sur les raisons respectives des contribuables et de la municipalité qui aura fait la répartition. La partie qui se trouvera lézée, pourra se pourvoir ensuite au directoire de département, qui décidera en dernier ressort, sur simple mémoire et sans forme de procédure, sur la

décision du directoire de district Tous
avis et décision en cette matière seront
motivés.

Loi du 28 Août 1791.

II. Aucun contribuable ne pourra
sous aucun prétexte, même de réclamation contre la répartition, se dispenser de payer la portion contributive
qui lui aura été assignée, sauf à faire
valoir ses réclamations selon les règles
ci-après prescrites.

III. Toutes les fois qu'une propriété
aura été cotisée sous un autre nom que
celui du véritable possesseur, la municipalité sera autorisée à accorder la
décharge et ordonner la mutation de
cote, sinon la réclamation sera adressée
au directoire de district, comme toutes
les autres demandes relatives aux contributions directes; mais le réclamant
ne sera pas tenu de justifier avoir payé
d'à-compte, et le directoire de district,
après la vérification des faits, délivrera
une ordonnance de mutation, par laquelle
il sera dit que la cote, mal-à-propos

portée dans le rôle sous le nom du réclamant , sera acquittée par le véritable propriétaire.

IV. Lorsque , par erreur , une propriété aura été cotisée dans deux communautés , la réclamation contre ce double emploi sera faite au directoire de district dans la même forme , et sans qu'il soit besoin de justifier d'un paiement d'à-compte dans les deux communautés , mais dans une seulement. Le directoire de district , d'après la vérification des faits , ordonnera , au profit du réclamant , la décharge de la cote portée au rôle de la communauté dans laquelle les biens ne sont pas situés.

V. Tout propriétaire ou possesseur qui voudra former une demande en réduction , l'adressera au directoire du district dans l'arrondissement duquel seront situés les biens qu'il prétendra être sur-taxés.

VI. Cette demande ne pourra être admise , si elle n'est formée dans les trois mois qui suivront la publication du rôle de la contribution foncière dans la communauté, et si le réclamant ne justifie avoir payé les termes de sa cotisation, échus au jour où la demande sera formée.

VII. Tout contribuable qui réclamera une réduction, sera tenu de joindre à sa demande, 1º. un extrait de la matrice de rôle de sa communauté, contenant, par section et numéro, le détail de tous les biens fonds à lui appartenans sur le territoire de la communauté, et l'évaluation de leur revenu net, porté dans ladite matrice de rôle ; 2º. une déclaration du revenu auquel il évaluera lui-même chaque article de ses biens-fonds.

VIII. Le directoire du district fera enregistrer, par extrait, au secrétariat sur un registre d'ordre, tous les mémoires en réductions, qui lui seront adressés, après avoir fait constater si toutes les formalités prescrites par les articles V, VI et VII ont été observées par le réclamant, et renverra ensuite, dans la huitaine, chaque mémoire à la municipalité de la situation des biens.

IX. A la réception du mémoire, le

conseil-général de la commune sera convoqué, et sera tenu de délibérer dans la huitaine au plus tard, si la demande lui paraît fondée ou non, en exprimant, sur chaque article, dans le cas de l'affirmative, à quelle somme la réduction lui paraîtra devoir être réglée.

X. Le procureur de la commune renverra, dans la huitaine suivante, le mémoire et les pièces y jointes, avec une expédition de la délibération, au directoire du district.

XI. Lorsque le conseil - général de la commune aura reconnu que la réclamation est juste, le directoire du district prononcera la réduction demandée.

XII. Lorsque le conseil-général de la commune aura délibéré que la réclamation n'est fondée qu'en partie, la délibération sera communiquée au réclamant, qui sera tenu de déclarer s'il adhère ou non à la délibération; et dans le cas d'adhésion, le directoire du district prononcera la réduction qui aura été délibérée par le conseil-général.

XIII. Dans le cas de refus de la part du réclamant, ou lorsque le conseil-général de la commune aura délibéré que la réclamation n'est pas fondée, le directoire du district nommera deux experts, dont un instruit dans l'arpentage, pour procéder à une nouvelle évaluation des biens, et au mesurage, s'il est nécessaire.

XIV. Les experts prendront, au secrétariat du district, le mémoire et les pièces du réclamant, et la délibération du conseil-général de la commune; le directoire du district fixera, trois jours à l'avance, celui de leur descente sur les lieux; il en sera donné avis à la municipalité et au réclamant.

XV. La municipalité nommera deux commissaires pour être présens aux opérations des experts, et le réclamant y assistera par lui ou par un fondé de pouvoir. Les commissaires et le réclamant indiqueront les biens et fourniront les autres renseignemens qui seront demandés; les commissaires représenteront même la matrice de rôle de la

communauté , si les experts le demandent.

XVI. Le directoire de district prononcera dans la quinzaine , après le dé-
pôt des procès-verbaux , et il enverra sa
décision à la municipalité qui sera tenue
de la faire publier le dimanche suivant.

XVII. La décision du directoire de
district sera exécutée provisoirement ;
et si la partie réclamante ou le conseil-
général de la commune se croit fondé
à se pourvoir devant le directoire de
département , il y sera procédé à la discussion et à l'examen de la réclamation ,
de la même manière que devant le directoire de district.

XVIII. Aucune demande en réclamation ne sera reçue au département , si
elle est formée avant le délai de quinzaine après la publication de la décision
du directoire de district , ou si elle n'est
pas formée dans la quinzaine suivante.

XIX. Toutes les fois que , d'après la
réclamation d'un propriétaire , il aura
été procédé par experts à une évalua-

tion, aucun des articles ainsi réglés ne pourra être cotisé qu'en conformité de cette évaluation, pendant les dix années suivantes, à moins qu'il ne soit fait de nouvelles constructions, ou qu'avant ce temps il ne soit procédé à la levée du plan du territoire de la communauté, et à une évaluation générale de son revenu.

XX. Il sera libre à plusieurs contribuables, de se réunir et de former leur demande en commun; cette demande devra être formée, instruite et décidée conformément aux dispositions ci-dessus prescrites

XXI. Lorsque les demandes en réductions seront formées par un ou plusieurs contribuables, dont les cotisations réunies excéderont le tiers du montant du rôle de la contribution foncière de la communauté, et qu'il sera nécessaire d'ordonner une vérification d'experts et une nouvelle évaluation, le directoire du département, sur l'avis du directoire du district, ordonnera la levée du plan du territoire de la communauté , et nommera deux experts pour faire une évaluation générale.

L. Dans tous les cas où il aura été nommé des experts, les parties intéressées à la réclamation , seront tenues d'adresser leurs moyens de récusation , si elles en ont , au directoire de district ou de département , avant le jour fixé pour la descente des experts.

LI. Les procès-verbaux d'experts seront rédigés suivant les modèles ci-après ; les experts les dresseront sur les lieux ; les commissaires et les réclamans seront interpelés de les signer , et s'ils s'y refusent , il sera fait mention de leur refus. Ces procès - verbaux ne seront soumis ni au timbre ni à l'enregistrement ; l'original sera déposé au secrétariat du corps administratif qui aura ordonné le procès-verbal ; il y sera numéroté et enregistré , et il en sera remis des copies aux districts et municipalités pour ce qui les concerne.

MODÈLE DE PROCÈS-VERBAL

D'Experts.

Aujourd'hui   mil sept cent   Nous, commissaires, experts soussignés, en vertu de l'arrêté des citoyens administrateurs du directoire du district d après nous être présentés au secrétariat, et y avoir pris les pièces et renseignemens nécessaires, certifions nous être transportés dans la municipalité d à l'effet d'y vérifier les faits exposés dans le mémoire présenté le par   demeurant à qui expose que sa cotisation au rôle de la contribution foncière de la communauté d   qui a été portée en principal à la somme d——   excède le sixième du revenu des propriétés qu'il possède dans ladite communauté, (*et pour 1792 le cinquième*) lequel revenu il évalue dans la déclaration qu'il a fournie à l'appui de sa demande, ainsi qu'il suit :

EXTRAIT de la matrice du rôle de la Communauté de			Déclaration du Propriétaire.	Évaluation des Experts.
NOMS des SECTIONS et NUMÉROS des feuilles.	NATURE des Propriétés.	Évaluation faite par la Municipalité.		

Après nous être transportés dans toutes les sections où sont situés les biens ci-dessus, accompagnés de N commissaires, N réclamant, avons reconnu que la première évaluation faite par la municipalité, du revenu desdits biens

est (*au-dessus ou au-dessous*) de celle à laquelle ils doivent être portés, d'après nos connoissances particulières et les renseignemens que nous nous sommes procurés, et que l'évaluation desdits biens peut être fixée à la somme totale de   conformément au détail ci-dessus.

Fait et arrêté le   N
expert, N   expert, N
commissaire de la municipalité, N
réclamant.

LV. Dans le cas de réclamation d'un contribuable contre l'évaluation faite par la municipalité de sa communauté, les frais seront supportés par le réclamant, soit que sa demande en réclamation ait été rejetée, soit qu'il ait refusé la réduction offerte par le conseil général, si elle est jugée suffisante ; et ils seront supporté par la communauté, si elle a mal-à-propos contesté la demande, ou n'a consenti qu'une réduction inférieure à celle qui sera fixée.

LVI. Il en sera de même lorsque plusieurs contribuables se seront réunis pour former leur demande en réclamation, et lorsqu'elle n'aura point donné lieu à la levée d'un plan général de la communauté.

LVII. Dans le cas où la demande en réclamation d'un ou plusieurs contri- buables, dont les cotisations réunies excéderont le tiers du montant du rôle de la contribution foncière de la com- munauté, sera rejetée, après avoir donné lieu à la levée du plan général de la communauté, les frais seront supportés par tous les revenus de la communauté, en évaluant pour cette répartition, au double de leur revenu, les biens des contribuables réclamans.

LVIII. Dans le cas, au contraire, où la réclamation des contribuables sera admise, les frais seront supportés par tous les revenus de la communauté, en évaluant pour cette répartition les biens des contribuables réclamans à la moitié seulement de leur revenu.

LIX. Dans le cas où une commu- nauté aura demandé la levée du plan de son territoire, les frais seront sup- portés par tous les revenus fonciers de la communauté au marc la livre.

LX. Les frais auxquels aura été condamné le contribuable, seront à défaut de paiement dans le mois, portés par émargement à sa cote, avec les taxations du receveur en proportion ; et les revenus du contribuable seront affectés au paiement de la somme émargée, comme pour la contribution même.

Loi du 13 Septembre 1792,

Faisant suite à celle du 28 août 1791.

III. Les contribuables qui se prétendront imposés au-dessus du maximum déterminé par la loi, pour la présente année, pourront se pourvoir en réduction dans le délai de trois mois, à compter du jour de la publication du rôle dans leur municipalité, et en justifiant du paiement des échus, ou du moins des trois neuvièmes de la cote dont ils demanderont la réduction.

IV. A l'égard des termes qui écherront dans l'intervalle de la réclamation, au jour où il y sera définitivement statué, le contribuable sera tenu de

les

les acquitter dans la proportion de l'évaluation qu'il aura fournie en exécution
de l'art. VII. de la loi du 28 août 1791.
Dans le cas où cette évaluation seroit
jugée au-dessous de la valeur réelle,
le contribuable paiera, outre la cote
qui aura été réglée, un quart de l'excédant de ladite cote, sur le montant de
l'évaluation fournie : il en sera fait
mention dans la décision du directoire
de district. Les sommes qui en provien-
dront, seront portées en diminution, ou
moins imposées sur le rôle de la commune de l'année suivante.

V. Si, à l'époque de la réclamation,
le paiement du montant des échus, soit
pour 1791, soit pour la présente année,
dans les délais fixés par le décret du
20 mars dernier, excède la somme à
laquelle ladite cote se trouve définitivement modérée ; après l'instruction,
il sera accordé au contribuable, dans
le directoire du district, une ordonnance de restitution dudit excédant sur
le receveur du district, laquelle ordonnance lui sera passée pour comptant.

VI. Dans le cas où il aura été pro-

D

noncé en faveur des contribuables d'une commune, des réductions qui excéderoient le sixième de la somme à laquelle sa portion contributive est fixée, le rejet de l'excédant sera fait sur les rôles de la même année, conformément à l'article LIII de la loi du 28 août 1791.

Loi du 2 Octobre 1791.

Modération à accorder pour évènemens imprévus.

XXXVII. Lorsque, par la stérilité de l'année, la grêle, la gelée, l'inondation ou autres vimaires, la récolte, les maisons et bâtimens d'un contribuable ou d'une communauté auront été détruits en totalité ou en grande partie, le contribuable ou la communauté en donnera connoissance au directoire de district, qui nommera sans délai un ou plusieurs commissaires, membres du conseil du district, pour se transporter sur les lieux, vérifier les faits, et en rapporter procès-verbal qui sera déposé aux archives du district : copie

par extrait en sera envoyée au directoire
du département.

MODÈLE

DES RÉCLAMATIONS;

*Aux administrateurs composant le
directoire du district d*

———————

Si la réclamation porte sur des objets
imposés à Paris, le mémoire doit être
présenté aux membres du département
de Paris, composant le comité contentieux des impositions qui, aux termes
de la loi du 5 novembre 1790, doivent remplir les fonctions attribuées au
directoire de district, relativement aux
contestations qui peuvent s'élever sur
la répartition des impôts directs.

Le bureau est situé place des piques,
ci-devant place vendôme, N°. 5.

———————

Le citoyen (*mettre le nom et la demeure*) a été cotisé au rôle de la contribution foncière de (*mettre le nom*

D 2

de la municipalité où sont situés les biens qui ont donné lieu à l'imposition) pour l'année 1791, à raison d'un revenu de 1500 liv. à la somme de 375 liv.

S A V O I R ;

En principal............ 300^{tt}
Sous additionnels..... 60
Charges de la munici-
palité.................. 15
} 375^{tt}

Ainsi qu'il est justifié par l'extrait de la matrice du rôle joint au présent mémoire.

NOTA. *Cet extrait doit être certifié par la municipalité.*

Cette somme excédant les proportions fixées par l'article III de la loi du 10 avril 1791 ;

Lequel porte : que tout contribuable qui justifiera être imposé pour 1791 au-delà du sixième de son revenu net foncier (*pour le principal non-compris les sous additionnels*) (1) aura droit à une réduction en suivant les formes qui seront prescrites. Le réclamant demande que , conformément à ladite loi , il lui soit accordé, tant sur le principal que sur les sous additionnels et charges de la municipalité , une réduction proportionnée à la surcharge qu'il éprouve.

Nota Il sera nécessaire que le réclamant joigne à son mémoire ;

1°. La quittance du paiement des termes de sa cotisation échus au jour où il formera sa demande ; 2°. Un extrait de la matrice de rôle de la communauté où il est cotisé, contenant , par section et n°., le détail de tous les biens-fonds à lui appartenans sur le territoire de la communauté , et l'évaluation de leur revenu net porté dans ladite matrice de rôle ; 3°. une déclaration du revenu auquel il évaluera lui-même chaque article de ses biens-fonds.

―――――――――――――――――

(1) Pour 1792 le maximum de la contribution foncière pour le principal , peut s'élever au cinquième, conformément à la loi du 2 août 1792.

D 3

Ce mémoire doit être présenté dans les trois mois de la publication du rôle.

Tous les mémoires doivent être rédigés à-peu-près dans la même forme; il suffit d'énoncer d'une manière claire et précise l'objet de sa réclamation, et citer l'article de la loi sur lequel on se fonde pour obtenir une décharge, une réduction, une remise ou une modération.

EXEMPLES.

À défaut de déduction du quart sur les maisons, déduction établie en considération des frais d'entretien et de réparation, citer l'article X, du titre II de la loi du 1er. décembre 1790.

———

Pour maisons inhabitées ou non louées, pendant toute la durée de l'année expirante au jour de la confection du rôle, citer l'article XII, du titre II de la loi ci-dessus.

Pour les bàtimens servant aux exploitations rurales, s'ils ont été évalués à un taux plus haut que celui des meilleures terres labourables de la communauté, citer l'art. XIII, du tit. II de la loi ci-dessus citée.

Pour les fabriques et manufactures, les forges, moulins et autres usines, si le tiers de leur valeur locative ou *estimative*, n'en a pas été déduit, citer l'article XIV, du titre II de la même loi.

———————

Pour les mines et carrières, évaluées autrement qu'à raison de la superficie du terrein occupé pour leur exploitation, citer les articles XV et XVI de la même loi.

———————

Toutes les fois qu'une propriété aura été cotisée, sous un autre nom que celui du véritable possesseur, citer l'art. III de la loi du 28 août 1791. (Dans ce cas, le réclamant ne sera pas tenu de justifier du paiement de l'imposition.)

———————

Lorsque, par erreur, une propriété aura été cotisée dans deux communautés, citer l'article IV de la loi du 28 août 1791. (Dans ce cas, le réclamant n'aura pas besoin de justifier d'un paiement d'imposition dans les deux communautés, mais dans une seulement.)

———

Lorsque les marais, terres vaines et vagues, auront été imposés à plus de trois deniers par arpent, mesure d'ordonnance, citer l'art. II, du tit. III de la loi du 1er. décembre 1790.

———

Lorsque, par la stérilité de l'année, la grêle, la gelée, l'inondation ou autres vimaires, la récolte, les maisons et bâtimens d'un contribuable auront été détruits en totalité ou en grande partie, citer l'article 37 de la loi du 2 octobre 1791, lequel porte qu'il sera nommé, par les directoires de district, un ou plusieurs commissaires pour vérifier les faits et en dresser procès-verbal.

———

Les fermiers, métayers ou colons qui

seront dans le cas de demander des secours, pour accidens imprévus, citeront
l'article 41 de la même loi, lequel porte
qu'une portion des secours à distribuer
pourra leur être accordée.

Percepteurs tenus de prendre pour comp-
tant les ordonnances de décharge ou
réduction remise ou modération.

Proclamation du 7 novembre 1790.

Article premier. Il est enjoint aux percepteurs de recevoir pour comptant, à la
présentation qui leur en sera faite, les
ordonnance de décharges ou réduction,
ou de remise ou modération, prononcées
en faveur des contribuables, sur les
sommes auxquelles ils auroient été cotisés.

II. Si le collecteur avoit déjà recou-
vré, sur un contribuable, la totalité
de sa cotisation avant l'obtention de
l'ordonnance de décharge ou de réduction, ou de remise ou de modération,
ledit collecteur sera tenu de restituer à
ce contribuable le montant de la somme

faisant l'objet de ladite décharge ou réduction, ou de ladite remise ou modération.

III. Dans le cas où aucuns collecteurs,
nonobstant lesdites ordonnances à eux
présentées, useroient de contraintes pour
exiger des contribuables, au profit desquels elles auroient été expédiées, le
paiement en argent du montant total de
leur cotisation, ou refuseroient de restituer les sommes qu'ils auroient perçues
de trop, ils seront poursuivis comme
exacteurs ou comme concussionnaires.

TITRE VIII.

De la perception , du recouvrement
et de l'époque des paiemens.

Loi du premier décembre 1790.

Titre V , article V. La cotisation
de chaque contribuable sera divisée en
douze portions égales, payables chacune le dernier de chaque mois.

VI. Dans la première huitaine de

chaque trimestre, c'est-à-dire dans la première huitaine des mois d'avril, juillet, octobre et janvier, il sera formé, par les receveurs des communautés, un état de tous les contribuables en retard du trimestre précédent. Cet état, visé par les officiers municipaux, sera publié et affiché ; et faute de paiement dans cette première huitaine, le contribuable paiera, à compter du premier dudit mois, l'intérêt de la somme dont il se trouvera arriéré.

VII. L'intérêt courra au taux de six pour cent l'an, dans les quatre premiers mois, de cinq pour cent dans les quatre mois suivans, et de quatre pour cent dans les quatre autres, au bout desquels il cessera. Les intérêts seront au profit des receveurs caissiers ou trésoriers, qui seront toujours obligés d'en faire l'avance.

VIII. Les receveurs des communautés qui n'auront fait aucunes poursuites pendant trois années, à compter du jour où le rôle aura été rendu exécutoire, seront déchus de tous droits.

IX. A défaut de paiement de la contribution foncière, les fruits ou loyers pourront être saisis, et il ne sera en conséquence décerné de contraintes pour cette perception, que sur ceux des contribuables dont l'espèce de propriété n'auroit pas un revenu saisissable; comme maisons non louées, bois non exploités, prés à tourber, etc.

X. Tous fermiers ou locataires seront tenus de payer, en l'acquit des propriétaires, la contribution foncière pour les biens qu'ils auront pris à ferme ou à loyer, et les propriétaires seront tenus de recevoir le montant des quittances de cette contribution, pour comptant, sur le prix des fermages ou loyers.

L'article 6 de la loi du 26 mars 1792 porte, que les contributions foncière et mobiliaire de 1791 ne seront exigibles que pour deux tiers, au premier avril 1792, à la déduction des sommes payées à compte sur les rôles provisoires ordonnés par la loi du 29 juin 1791. L'autre tiers divisé en trois portions égales, dont chacunes faisant un neuvième de la totalité, échéra les der-

niers

niers jours d'avril, mai et juin suivans,
en sorte que dans les premiers jours de
juillet les saisies et poursuites pourront
être faites pour la totalité des contributions, conformément aux loix des premier décembre 1790 et 18 février 1791.

VII. Les contributions foncière et
mobiliaire de 1792 échéront, par neuvième, à compter du 31 juillet de ladite
année, jusqu'au 31 mars 1793 ; en sorte
qu'à l'expiration de chaque trimestre,
le tiers des contributions sera échu et
exigible par saisies et autres poursuites.

Loi du 2 Octobre 1791.

XII. A défaut de paiement de la contribution foncière à l'échéance de chaque trimestre, le percepteur de la communauté
pourra faire toutes les saisies de fruits
ou de loyers, et tous les actes con-
servatoires propres à accélérer et assurer
le paiement de la contribution.

XIII. Les percepteurs seront tenus
d'émarger exactement sur les rôles les
paiemens à mesure qu'il leur en sera
fait, et de croiser en présence des

contribuables les articles entièrement
soldés , même de leur en donner quittance s'ils en sont requis.

Ces quittances seront sur papier
libre ; le timbre n'a lieu que pour les
quittances d'impôts indirects.

Conformément à l'article IV de la
loi du 20 juillet 1791 , tous receveurs
d'impôts seront tenus de fournir , sans
frais , aux contribuables , autant de du-
plicata de quittances , qu'ils en demanderont pour justifier du paiement de
leurs contributions.

Loi du 2 Octobre 1791.

XVI. Ne pourront être saisis pour
contributions arriérées les lits et vête-
mens nécessaires , pain et pot-au-feu ,
les portes , fenêtres , les animaux de trait
servant au labourage , les harnois et instrumens servant à la culture , ni les outils
et métiers à travailler. Il sera laissé
au contribuable en retard une vache à
lait ou une chèvre à son choix , ainsi
que la quantité de grains ou graines

nécessaires à l'ensemencement ordinaire des terres qu'il exploite.

Les abeilles, les vers-à-soie, les feuilles de mûrier, ne seront saisissables que dans les tems déterminés par les décrets sur les biens et usages ruraux.

Les porteurs de contraintes qui contreviendront à ces dispositions, seront condamnés à cent livres d'amende.

XX. Le tems que les porteurs de contraintes auront employé dans la communauté étant constaté, ainsi qu'il est prescrit par l'article XIX de la présente loi, le bulletin des frais à leur allouer sera ensuite réglé par le directoire de district ; et le total de ces frais sera reparti à la suite du bulletin, au marc la livre des sommes dues par les contribuables dénommés dans les contraintes, à l'époque où elles seront décernées.

XXI. Ceux des contribuables qui, sans attendre des saisies et ventes, satisferont à la contrainte ne supporteront que leur part des premiers frais ; ceux

E 2

qui nécessiteront des saisies et ventes en supporteront les frais.

Nota. Conformément à l'article X de la loi du 17 juin 1791, les avertissemens, commandemens et saisies relatives au recouvrement, ne seront sujets ni au timbre, ni à l'enregistrement.

Nota. Les formalités à observer par les parties prenantes dans les caisses publiques, se trouvent dans le deuxième chapitre relatif à la contribution mobiliaire, sous le titre de la perception et du recouvrement.

CHAPITRE SECOND.

De la Contribution mobiliaire.

TITRE PREMIER.

Dispositions générales.

Loi du 18 Février 1791.

LA contribution mobiliaire doit atteindre tous les revenus qui ne peuvent l'être par la contribution foncière.

Elle sera formée de plusieurs taxes, dont l'une à raison des revenus mobiliers, et les autres relatives à toute espèce de richesses, et aux signes qui en annoncent.

Le citoyen qui est réduit au salaire commun de la journée de travail, et qui n'aura pas d'autres revenus, sera exempt de toute contribution. Ce salaire doit être fixé par les départemens sur l'avis des districts, et ne peut excéder

E 3

20 sous , conformément à la loi du 16 janvier 1790.

TITRE II.

Établissement et bases de la contri-bution mobiliaire.

Loi du 18 Février 1791 , titre II.

Art. I. Il sera établi , à compter du Ier. janvier 1791 , une contribution mobiliaire dont la somme sera déterminée chaque année.

II. La législature déterminera chaque année la somme de la contribution mobiliaire , d'après les besoins de l'état, et en la décrétant , en arrêtera le tarif.

III. Une partie de la contribution mobiliaire sera commune à tous les habitans, l'autre partie sera levée à raison des salaires publics et privés , et des revenus d'industrie et de fonds mobiliers.

IV. La partie de cette contribution , commune à tous les habitans , aura pour base de répartition les facultés équiva-

lentes à celles qui peuvent donner la
qualité de citoyen actif ; les domestiques, les chevaux et mulets de selle,
de carosses, cabriolets ou litières, et
la valeur annuelle de l'habitation, fixée
suivant le prix du bail ou l'estimation
qui sera faite.

V. La partie qui portera uniquement
sur les salaires publics et privés, les revenus d'industrie et de fonds mobiliers
aura pour base ces revenus, évalués
d'après la cote des loyers d'habitation.

Ainsi les évêques, les curés, les
membres de directoire de département
et de district, les juges, les régisseurs
des contributions indirectes, leur commis et employés, et tout citoyen payé
des fonds publics se trouvent compris
dans cette disposition ; les gens attachés
au service des particuliers, les inten-
dans, receveurs, caissiers et commis
s'y trouvent également compris.

IX. Aucun contribuable ne pourra,
sous quelque prétexte que ce soit, même
de réclamation contre la contribution,
se dispenser de payer la portion contributive qui lui aura été assignée,

sauf à faire valoir sa réclamation selon les règles qui seront prescrites.

XI. La partie de la contribution qui sera établie à raison des facultés équivalentes à celles qui peuvent donner le titre de citoyen actif, sera fixée à raison de la valeur de trois journées de travail, dont le taux sera proposé par chaque district pour les municipalités de son territoire, et arrêté par chaque département.

La journée de travail dont il s'agit ici, est celle que gagne communément l'homme de peine, le journalier employé aux travaux communs de la terre.

Tous ceux à qui un travail journalier ne procure en salaire que le prix des journées arrêté par le département, et qui n'ont pas d'autres revenus, ne doivent aucune contribution, mais seront seulement inscrits à la fin du rôle, conformément à l'article XII.

XIII. La contribution des trois journées de travail, sera payée par tous ceux qui auront quelques richesses foncières ou mobiliaires, ou qui, réduits à

leur travail journalier, exercent quelque
profession qui leur procure un salaire
plus fort que celui arrêté par le département pour la journée de travail
dans le territoire de leur communauté.

Cette contribution doit aussi être payée
par tous ceux qui jouissent de leurs
droits, comme les veuves, les garçons
et filles, les femmes vivant séparées
de leurs maris, et les pupilles.

XIV. La partie de la contribution,
à raison des domestiques mâles, sera
payée par chaque contribuable par addition à son article, savoir pour un
seul domestique 3 livres, pour un second 6 livres et 12 livres pour chacun
des autres.

Celle à raison des domestiques femelles, sera de 1 livre 10 sous pour la
première, de 3 livres pour la seconde
et de 6 livres pour chacune des autres;
ne seront comptés les apprentifs et
compagnons d'arts et métiers, les domestiques de charrue et autres destinés
uniquement à la culture ou à la garde
et aux soins des bestiaux, ni les domestiques au-dessus de l'âge de 60 ans.

Les garçons de moulins et autres usines ne doivent pas être taxés ; on doit en général regarder comme compagnons ceux qui sont attachés à une chose, et non pas au service personnel d'un maître.

Une lettre du ministre des contributions publiques du 8 mai 1792 porte : que les postillons attachés au service des postes ne peuvent, sous aucun rapport, être considérés comme des domestiques.

XV. La partie de la contribution à raison des chevaux ou mulets, sera payée par chaque contribuable par addition à son article, savoir ; pour chaque cheval ou mulet 3 livres, et par chaque cheval ou mulet de carrosses ou cabriolets et litières 12 livres, et ne seront comptés que les chevaux ou mulets servant habituellement au contribuable pour son usage.

On ne doit payer aucune taxe pour les bêtes de somme, pour les chevaux de louage et de roulage, pour ceux de charrue et pour les élèves, ni par conséquent pour les haras de toute espèce.

Les officiers des troupes de ligne ne doivent pas supporter de taxe additionnelle à raison de leurs chevaux de selle, si ce n'est dans le cas où ils en auroient un plus grand nombre que l'ordonnance ne leur accorde de places de fourrages ; mais leurs chevaux de voiture seront toujours taxés.

Les municipalités ne doivent pas négliger les taxes à raison des domestiques et des chevaux, lors même que leurs maîtres seroient taxés dans d'autres municipalités. Il arrive assez fréquemment que l'on laisse dans une maison de campagne des domestiques et des chevaux qui, n'étant pas connus au domicile principal du maître, ne seroient pas taxés ; ainsi dans ces cas les municipalités établiront un article pour les maîtres absens, et ne les taxeront qu'à raison des domestiques et des chevaux qui resteront habituellement dans leur territoire.

Mais, en taxant à raison de ces domestiques, on ne fera pas entrer en compte ceux que le même citoyen auroit à son principal domicile.

XVI. La partie de la contribution qui sera établie sur les revenus d'industrie et de richesses mobiliaires, sera du sou pour livre de leur montant présumé d'après les loyers d'habitation, et pourra même être portée au dix-huitième.

On ne doit pas comprendre dans le prix d'habitation.

1°. Les boutiques, échopes ou étaux de marchands, ateliers, hangars, chantiers, magasins, greniers et caves servant de magasins.

Nota. La loi du 6 avril 1791 porte : que les personnes qui, pour l'exercice de leur profession, occuperont des ateliers, chantiers, boutiques et magasins, seront tenus d'en déclarer la valeur locative en même-tems qu'elles feront la déclaration de la situation et de la valeur annuelle de leur habitation.

Et que nul ne pourra être admis à faire déduire de la contribution mobiliaire la taxe proportionnelle à la valeur locative de ses ateliers, chantiers, boutiques et magasins, si la déclaration qu'il a dû faire de leur valeur locative pour obtenir sa patente n'a été trouvée exacte.

2°. Les granges, les pressoirs, les étables ne peuvent aussi être compris comme faisant partie de l'habitation pour entrer dans le prix de loyer ; ainsi on n'estimera que la partie occupée par les propriétaires fonciers ou métayers pour leur logement.

3°. Les maisons servant d'auberges et hôtelleries, d'hôtels garnis, de pensionnats et de colléges, demandent encore une exception : le citoyen qui tient et administre ces diverses maisons, ne les tient que par spéculation des loyers qu'il pourra retirer de ceux qu'il logera. Il faut par conséquent faire dans ce cas-là pour lui, comme pour les locataires des ateliers et magasins, réduire à ce qui lui sert véritablement d'habitation, l'estimation de son loyer, et considérer le surplus comme ateliers et magasins.

Dans les cas où les municipalités feront l'évaluation des loyers d'habitation, elles la porteront à sa véritable valeur et sans déduction, quoique la loi sur la contribution foncière accorde une diminution du quart à raison des réparations.

XVII. La cote des gens en pension et des personnes n'ayant d'autre domicile que dans des maisons communes, sera faite à raison du loyer de l'appartement que chacun occupera, et elle sera exigible vers le locateur, sauf son remboursement contr'eux.

Les municipalités auront à taxer, outre le principal locataire, tout citoyen qui, dans ces sortes de maisons, a un domicile habituel, il sera dans le cas d'être taxé dès qu'il ne justifiera pas l'être ailleurs, et de ce moment, le principal locataire restera responsable de la contribution de ses sous-locataires, sauf à lui à prendre les précautions propres à assurer son remboursement.

Cependant on ne doit pas se dispenser de faire un article séparé des gens en pension, d'autant mieux qu'ils peuvent avoir des exceptions à faire valoir.

Tarif des revenus d'après le prix du loyer.

Article XVIII. 1°. Les loyers de 12,000 livres et au-dessus, seront présumés être du douzième et demi du revenu du contribuable.

2 Ceux de 11,000 l. *incl.* à 12,000 l. *excl.* du 11^e $\frac{1}{2}$
3 ——— 10,000 ——— 11,000 ——— 11^e
4 ——— 9,000 ——— 10,000 ——— 10^e $\frac{1}{2}$
5 ——— 8,000 ——— 9,000 ——— 10^e
6 ——— 7,000 ——— 8,000 ——— 9^e $\frac{1}{2}$
7 ——— 6,000 ——— 7,000 ——— 9^e
8 ——— 5,000 ——— 6,000 ——— 8^e $\frac{1}{2}$
9 ——— 4,000 ——— 5,000 ——— 8^e
10 ——— 3,500 ——— 4,000 ——— 7^e $\frac{1}{2}$
11 ——— 3,000 ——— 3,500 ——— 7^e
12 ——— 2,500 ——— 3,000 ——— 6^e $\frac{1}{2}$
13 ——— 2,000 ——— 2,500 ——— 6^e
14 ——— 1,500 ——— 2,000 ——— 5^e $\frac{1}{2}$
15 ——— 1,000 ——— 1,500 ——— 5^e
16 ——— 500 ——— 1,000 ——— quart.
17 ——— 100 ——— 500 ——— tiers.
18 Ceux au-dessous de 100 liv. seront présumés être de la moitié du revenu du contribuable.

Il résulte des dispositions de cet article que le citoyen dont le loyer d'habitation sera au-dessous de 100 liv.,

ne présentera pour revenu que le double de ce loyer ; par exemple , celui
qui a un loyer de 30 livres sera présumé n'avoir de revenu que 60 livres ,
qui , au sou pour livre, fixeroient à 3 l.
sa taxe de revenu mobilier , et au dix-
huitième 3 liv. 6 s. 8 d. Celui qui a
400 livres de loyer sera présumé avoir
1,200 livres de revenu , qui au sou
pour livre fixeroient sa taxe à 60 liv. ,
et au dix-huitième à 66 liv. 13 s. 4 d.

L'application du surplus de l'article
est aussi simple ; il n'est pas plus difficile de dire : celui qui a 2,000 liv.
de loyer est présumé avoir six fois deux
mille livres de revenu et par conséquent 12,000 livres ; que de dire : celui
qui a 30 livres de loyer est présumé
avoir deux fois ce revenu et par conséquent 60 livres ; l'un et l'autre doivent le sou pour livre du montant du
revenu présumé , le premier 600 livres ,
le second 3 liv. et éventuellement le
dix-huitième.

TITRE III.

*Des déductions à faire aux contribuables
en raison de leur revenu foncier.*

Loi du 18 Février 1791.

Article XIX. A l'égard de tous les contribuables qui justifieront être imposés aux rôles de contribution foncière, il leur sera fait dans le réglement de la taxe mobiliaire, une déduction proportionnelle à leur revenu foncier.

Cet article présente une disposition devenue nécessaire, dès que la base d'évaluation des revenus, *le loyer d'habitation*, ne pouvoit pas distinguer les revenus fonciers d'avec les mobiliers, mais confondoit les uns et les autres.

Il est, en effet, sensible que de deux citoyens qui ont chacun un loyer de 2,000 liv., et dont par conséquent le revenu présumé est égal et de 12,000 l., l'un peut avoir son revenu en biens-fonds ; et des 12,000 liv., il n'a que ce qui lui reste , après avoir acquitté la contribution foncière ; l'autre peut avoir son revenu de 12,000 liv. en capitaux placés dans le commerce ou sur l'état , et qui n'auront encore payé aucune contribution; or, s'il est juste d'atteindre ceux-ci par la cote de contribution mobiliaire , il seroit injuste de faire payer à ceux-là une nouvelle contribution , puisqu'ils en ont déjà payé une très-forte.

La déduction ordonnée au profit de celui qui justifiera que tout ou partie de ses revenus sont le produit de propriétés foncières , est donc de toute justice.

XX. En 1791 la déduction, à raison du revenu foncier , qui doit être accordée sur la cote de facultés mobiliaires , sera évaluée d'après la contribution foncière qui aura été payée en 1790. Quant aux parties du royaume qui n'étoient pas taxées aux contributions foncières , on recevra la déclaration des propriétaires , pourvu qu'ils l'ayent communiquée à la municipalité de la situation des biens , et fait certifier par elle.

L'assemblée nationale s'est réservée de

statuer sur les déductions à faire aux étrangers résidant en France, et aux français propriétaires de biens, soit dans les colonies, soit dans l'étranger.

Cet article ordonne que le citoyen qui sera dans le cas de demander une déduction sur sa cote de contribution mobiliaire, fera évaluer son revenu sur l'extrait de son imposition à la contribution foncière de 1790.

Exemple. Celui qui a 2000 livres de loyer et 12000 livres de rente en propriétés foncières, demande une déduction proportionnelle à son revenu foncier, il suffira qu'il présente l'extrait de sa cotisation aux vingtièmes de 1790. Cet extrait prouvera qu'il payoit pour deux vingtièmes, et 4 sous pour livre du premier, 1320 livres ; il s'ensuivra qu'il a 12000 livres de rente en propriétés foncières, qui, devant être taxées au rôle de la contribution foncière, ne doivent pas l'être à celui de la contribution mobiliaire.

L'application de la même règle n'est pas moins facile, lorsque le contribuable n'a qu'une partie de ses revenus en pro-

priétés foncières ; ainsi supposons qu'au
lieu de payer 1320 livres, le contribuable
qui auroit 2000 livres de loyer , ne paye
que 660 livres pour les deux vingtièmes ,
et 4 sous pour livre , il en faudra conclure qu'il n'a que 6000 livres de revenu
foncier , que le surplus de ses revenus
est le produit de capitaux placés dans le
commerce ou de fruits d'industrie , et il
sera taxé à la cote de contribution mobiliaire , au sou pour livre de 6000 liv.
ou au dix-huitième éventuellement.

Cet exemple prouve comment doit se
faire la réduction proportionnelle au
revenu foncier , et il n'y aura pas de
difficultés , toutes les fois que les vingtièmes , ou une contribution dont on
connoîtra la proportion avec le revenu ,
pourront servir à fixer l'évaluation.

Mais , dans les parties du royaume où
il n'existe pas de contribution fixée par
quotité du revenu foncier , dans celles
où il n'existe même aucune contribution foncière , on doit s'en rapporter ,
pour 1791 , aux déclarations des contribuables qui auront été communiquées
aux municipalités de la situation des
biens, et certifiées véritables par elles.

TITRE IV.

Des traitemens connus.

Loi du 18 Février 1791.

Article XXI. Tous ceux qui jouiront de salaire, pension ou autre traitement public, à quelque titre que ce soit, si leur loyer d'habitation ne présente pas une évaluation de facultés mobiliaires aussi considérable que ce traitement, seront cotisés sur leur traitement public dans la proportion déterminée.

Ainsi, 1°. un juge, un administrateur, un officier militaire, ou autre salarié public, qui ayant un loyer de 400 livres ne seroit présumé avoir que 1200 livres de revenu, et qui auroit un traitement de 1800 livres sera taxé au sou pour livre de 1800 livres pour la taxe mobiliaire, ou éventuellement au dix-huitième.

2°. Si un salarié public, avec 1800 livres de traitement, et un loyer de 1800 livres, qui feroit présumer 6000 livres de revenu, justifioit qu'il a un

revenu foncier de 6000 livres , et de-
mandoit une déduction proportionnelle ,
on ne l'en taxeroit pas moins au sou
pour liv. de 1800 livres; car, s'il est évi-
dent qu'il a 6000 livres de rente en revenus fonciers , il l'est aussi qu'il a un
revenu mobilier de 1800 livres qui doit
une contribution.

Alors la vérité reconnue l'emporte sur
la présomption , et quoique le loyer ne
fasse présumer que 6000 livres de revenu
qui ont payé à la contribution foncière ,
on taxe les 1800 livres de revenus mobiliers.

3°. Si un salarié public , avec le même
traitement de 1800 livres avoit un loyer
de 1200 livres , et ne justifioit aucun
revenu de propriétés foncières , son traitement seroit considéré comme partie de
son revenu présumé , et il ne devroit le
sou pour livre que des 6000 livres auxquelles son loyer feroit évaluer son revenu.

XXII. Toute personne ayant un salaire, pension ou traitement public , au-
dessus de 400 livres , ne pourra en toucher aucune portion pour 1792 , qu'il
ne représente la quittance de sa contri-

bution mobiliaire de 1791, et ainsi de suite chaque année.

TITRE V.

Des pères de familles.

Loi du 18 Février 1791.

Article XXIII. Chaque chef de famille qui aura chez lui ou à sa charge plus de trois enfans, sera placé dans la classe du tarif inférieure à celle où son loyer le feroit placer.

Celui qui aura chez lui ou à sa charge plus de six enfans, sera placé dans une classe encore inférieure.

Il est facile de faire l'opération prescrite par cet article. Un citoyen sans enfans a 600 livres de loyer, on lui présume, d'après le tarif, 2400 livres de rente; un père de quatre enfans a le même loyer, on ne lui présume que 1800 livres de rente; si c'est un père de sept enfans, on ne lui présume que 1200 livres de rente.

Au premier cas on applique le tarif sans restriction, et suivant la seizième classe, le loyer de 600 livres est présumé du quart du revenu, et par conséquent suppose 2400 livres.

Au second cas, on place le père de quatre enfans dans la classe inférieure, c'est-à-dire dans la dix-septième classe, et son loyer n'est plus présumé que le tiers de son revenu, et par conséquent de 1800 livres.

Enfin, au troisième cas, on le place dans la classe encore inférieure, c'est-à-dire dans la dix-huitième classe, et son loyer n'est plus présumé que de moitié de son revenu, et par conséquent de 1200 livres.

Au surplus, ce revenu n'est imposable qu'autant que le contribuable ne justifiera pas qu'il est le produit de propriétés foncières.

Cependant, si un père de quatre enfans, rangé dans une classe inférieure à celle où son loyer le placeroit, est salarié public, et a un traitement de 2400 livres, son loyer de 600 livres lui feroit présumer un revenu égal à son traitement, en calculant d'après le tarif général ; mais au moyen de ce qu'il

doit

doit être placé dans une classe inférieure, son loyer de 600 livres, évalué
d'après la dix-septième classe du tarif,
ne lui feroit présumer que 1800 livres
de revenu. La présomption doit céder
à la vérité, et lorsqu'on connoît, par
le traitement public, qu'il a un revenu
mobilier plus fort que celui présumé
par l'évaluation, il doit être taxé d'après
son traitement, l'intention de l'assemblée étant que chaque citoyen paye sur le
montant entier de ses revenus mobiliers.

La taxation de ce père de famille,
à la cote des facultés mobiliaires, doit
donc toujours être sur la totalité de son
traitement de 2400 livres.

Mais si un père de famille se trou-
voit dans la dernière classe, comme on
ne pourroit alors le placer dans une
classe inférieure, il ne devroit pas perdre
les avantages de cet article, il faudroit
en ce cas lui appliquer la disposition de
l'article suivant ; ainsi, supposons un
père de quatre enfans avec un loyer de
60 livres, il ne devroit être taxé à la
cote de facultés mobiliaires qu'à raison
du sou pour livre de 60 livres. Sup-

posons que ce soit un père de sept enfans qui ait le même loyer, il ne devroit que le sou pour livre de moitié,
c'est-à-dire de 30 livres.

TITRE VI.

*Des manouvriers, artisans, marchands
ayant boutique ouverte, commis et
employés à appointemens fixes.*

Loi du 18 Février 1791.

Article XXIV. Les manouvriers et
artisans seront cotisés à deux classes
au-dessous de celle où leur loyer les auroit placés, et lorsqu'ils seront dans la
dernière, leur cote sera reduite à moitié
de celle que leur loyer établiroit.

Il en sera de même des marchands
ayant des boutiques ouvertes, vendant
en détail, et des commis et employés à
appointemens fixes dans différens bu-
reaux, ou chez des banquiers, négo-
cians, etc., pourvu que leur loyer
n'excède pas, savoir ; pour Paris 1200 l.
800 l. dans les villes de 60 mille ames ;
500 liv., dans celles de 30 à 60 mille

ames; 400 livres, dans celles de 20 à
30 mille ames ; 200 liv., dans celle de
10 à 20 mille ames; 100 liv. pour les
villes au-dessous de 10 mille ames.

Au moyen de ces réductions, les uns
et les autres ne pourront reclamer celles
accordées par les décrets pour les pères
de famille.

Il en résultera que le marchand qui
aura boutique ouverte, et dont le loyer
d'habitation, à Paris, sera de 1100 liv.
ne sera présumé avoir que 3300 livres
de revenu, et sera taxé pour sa cote
de revenus mobiliers au sou pour livre
de cette somme, s'il n'a point de déduction à prétendre pour revenus fonciers. De même l'artisan qui auroit 600
livres de loyer d'habitation, ne sera
présumé avoir que 1200 livres de revenu, et sera taxé pour sa cote de revenus mobiliers au sou pour livre de
cette somme, s'il n'a pas de déduction à
demander pour propriétés foncières ; et
de même pour les commis.

Mais s'il arrivoit qu'au moyen de
cette déduction un employé, un commis dont le salaire seroit public et no-

toire, se trouvât réduit à une taxation inférieure à ses appointemens, il faudroit toujours le taxer relativement à leur véritable produit, comme les autres salariés publics, sauf aussi à les faire jouir, en ce cas, des avantages accordés aux pères de familles.

XXV. Tout citoyen qui, d'après les dispositions des précédens articles, sera dans le cas de demander une déduction sur la taxe de facultés mobiliaires, à raison de son revenu foncier, ou de se faire taxer dans une classe inférieure à celle où son loyer le placeroit, sera tenu d'en justifier avant le premier décembre de chaque année.

Cette disposition est nécessaire pour accélérer la confection des rôles : tous ceux qui auront des déductions à demander, ou qui seront dans le cas de se faire taxer dans une classe inférieure à celle où leur loyer les placeroit, devront en justifier avant le premier décembre de chaque année.

(101)

TITRE VII.

Des Célibataires.

Loi du 18 Février 1791.

Article XXVI. Les célibataires seront placés dans la classe supérieure à celle où leur loyer les placeroit.

L'article XXIII établit une exception de justice pour les pères de famille, en les plaçant dans une classe inférieure, celui-ci a le même caractère, en portan les célibataires à une classe supérieure, l'application en sera toute aussi facile, quoiqu'elle soit en ordre inverse.

Le motif de cette disposition a été la présomption naturelle, qu'un célibataire, pour être aussi bien logé qu'un père de famille de même fortune, n'étoit pas obligé à employer pour son habitation une aussi forte partie de son revenu.

Ainsi, quoiqu'un loyer de 1000 liv. soit du nombre de ceux de la quinzième classe et ne suppose dès-lors qu'un revenu de 5000 livres, un célibataire qui aura 1000 livres de loyer sera cependant présumé avoir un revenu de 5500 liv.,

F 3

comme si son loyer étoit du nombre de ceux de la quatorzième classe, qui sont présumés être le cinquième et demi du revenu. Cette disposition s'applique aux célibataires des deux sexes.

TITRE VIII.

De la manière dont les officiers de troupe de ligne et de la gendarmerie doivent être cotisés à la contribution mobiliaire.

Copie de la lettre écrite par M. le ministre des contributions publiques, aux corps administratifs, le 16 mars 1792.

Plusieurs départemens, messieurs, m'ont témoigné le desir de savoir si les officiers de la gendarmerie nationale doivent être cotisés dans les rôles de la contribution mobiliaire;

Si les gendarmes nationaux y sont également assujettis;

Enfin, quelle doit être la base de leur cotisation.

La première question est formellement décidée par la loi du 10 juillet 1791, concernant la conservation et le classement des places de guerre et postes militaires, la police des fortifications et autres objets y relatifs; elle porte, titre III, article LVIII, « que nul officier en activité ne sera tenu de payer sa part des impositions directes et personnelles, dans sa garnison, qu'autant qu'elle seroit en même tems le lieu de son domicile habituel ou de ses propriétés ».

L'officier de la gendarmerie nationale est précisément dans le cas de la dernière disposition de cet article : le lieu où il est employé, est toujours le lieu de son domicile; il est même de notoriété que toutes les actions civiles dirigées contre ces officiers, le sont au lieu de la résidence de leur brigade.

Quant aux gendarmes nationaux, la loi du 16 février 1791, relative à l'organisation de la gendarmerie nationale, porte, titre III, article II: « La gendarmerie nationale continuera de faire partie de l'armée ; elle conservera le rang que la maréchaussée y avoit eu jusqu'ici, et pourra parvenir aux grades militaires de la manière qu'il est prescrit par le présent décret, ainsi qu'aux distinctions et récompenses ».

Mais, de ce que la gendarmerie nationale fait partie de l'armée française, et y est assimilée pour l'avancement militaire, il ne faut pas en conclure que les gendarmes nationaux doivent en tout être assimilés aux soldats des troupes de ligne : les gendarmes nationaux, nommés sur la présentation des corps administratifs, pourvus de commissions par le roi, et n'ayant point d'engagement, jouissent de traitemens payés par le trésor public, et non d'une solde journalière payée sur les fonds du département de la guerre ; ils sont d'ailleurs susceptibles d'obtenir des gratifications réglées par les directoires de département, et prises sur les sous additionnels : ils sont donc, par toutes ces considérations, dans le cas d'être cotisés à la contribution mobiliaire.

Il reste à examiner, messieurs, sur

quel pied les officiers et les gendarmes nationaux doivent être imposés.

Il n'y a nul doute que les officiers ne doivent être cotisés, conformément à l'article XXI de la loi du 18 février 1791, c'est-à-dire, à raison du revenu que leur loyer indique, ou à raison de leur traitement, si ce traitement excède le revenu indiqué.

A l'égard des sous officiers et des simples gendarmes qui sont casernés, la base du loyer ne peut être suivie, et c'est leur traitement qui doit déterminer leur cotisation.

Dans tous les cas, au surplus, messieurs, où le traitement des officiers, sous-officiers et gendarmes nationaux sert de base à leur cotisation, il est juste de déduire de ce traitement la portion qui est destinée à l'entretien des chevaux que la loi leur prescrit d'avoir, et qui sont indispensables à l'exercice de leurs fonctions.

Parmi les gendarmes nationaux, les uns sont obligés d'avoir un cheval ; et l'article IV du titre IV de la loi du 16 février 1791, leur accorde un traitement plus fort qu'aux gendarmes non montés. Il ne seroit pas juste, dès-lors, d'imposer les premiers à raison de la totalité de ce traitement, les municipalités en devront déduire la somme à laquelle elles évalueront l'entretien d'un cheval pendant un an.

Il doit de même être déduit, aux officiers, l'entretien des chevaux qui leur sont nécessaires : le nombre n'en est pas déterminé par la loi relative à la gendarmerie ; mais, en les assimilant aux officiers de cavalerie, on pourroit passer un cheval au lieutenant, deux au capitaine et au lieutenant-colonel, trois au colonel.

Il est inutile d'observer, messieurs, que l'entretien de ces chevaux ne doit pas être déduit lorsque c'est le loyer qui sert de base à la cotisation.

J'ajouterai encore ici une dernière observation : du moment qu'il est reconnu juste de déduire, sur le traitement des officiers et des gendarmes nationaux, l'entretien des chevaux indispensables à leur service toutes les fois que ce traitement est la seul base qu'il

soit possible de prendre pour leur cotisation, il s'ensuit, à plus forte raison,
qu'on ne doit pas considérer ces chevaux
comme donnant ouverture à la taxe réglée par l'article XV de la loi du 18
février dernier, et que l'on ne peut,
d'après l'instruction de l'assemblée nationale du 13 février 1791, sur le même
article XV, demander cette taxe aux
officiers de la gendarmerie nationale,
que pour les chevaux qu'ils auroient
en sus du nombre qui leur est passé,
ainsi qu'il est expliqué ci-dessus.

*Autre lettre du Ministre des contribu-
 tions publiques, pareillement adressée aux corps administratifs, le 12
 Juin 1792.*

Quelques directoires de départemens,
messieurs, ont demandé sur quelles
bases doivent être cotisés à la contribution mobiliaire, les officiers en garnison dans une ville, et les officiers
généraux employés momentanément dans
un département.

La loi, messieurs, du 10 juillet 1791,

concernant les places de guerre et postes militaires, porte, tit. III, art. LVIII : « Nul officier, en activité de service, ne sera tenu de payer sa part des contributions directes et personnelles, dans sa garnison, qu'autant qu'elle seroit en même-tems le lieu de son domicile ou de ses propriétés ».

D'après cette disposition, et d'après les loix relatives aux contributions foncière et mobiliaire, il est facile de poser, avec précision, les principes qui doivent être suivis en matière de contributions, à l'égard des officiers supérieurs, des officiers et sous-officiers.

Il est hors de doute, d'abord, que leurs biens-fonds doivent être cotisés, comme tous les autres, à la contribution foncière, dans les lieux où ils sont situés.

Les officiers doivent, comme tous les autres citoyens, être cotisés à la contribution mobiliaire, dans la communauté où ils ont un domicile, c'est-à-dire, une maison habitée, ou tenue à loyer par eux, ou par leurs fenmes ou leurs enfans.

Ce te

Cette municipalité doit au surplus, suivre, pour leur cotisation, les mêmes principes que pour celle des autres fonctionnaires publics, et les imposer, d'après leur revenu indiqué par le loyer, ou d'après leur traitement public, s'il est plus fort que le revenu indiqué.

Si un officier, en garnison dans une ville, a un domicile dans cette même ville, ou si seulement il y posséde une propriété foncière, il doit y être cotisé à la contribution mobiliaire, à moins qu'il ne justifie avoir une habitation d'en loyer plus cher dans une autre communauté.

Mais la municipalité d'une ville ne peut pas comprendre, dans son rôle de contribution mobiliaire, les officiers, qui n'ayant dans cette ville, ni habitation particulière, ni propriété foncière, sont logés, soit dans des bâtimens militaires, soit, à défaut de ces bâtimens, dans des appartemens qu'ils louent au moyen du logement en argent qu'ils reçoivent, conformément à l'art. XII du titre V de la même loi du 10 juillet 1791.

G

Ces développemens , Messieurs , me
paroissent prévoir tous les cas; ils sont
applicables au surplus , aux officiers
supérieurs et aux sous-officiers, pourvu
toutefois que ces officiers soient en activité de service.

Vous voudrez bien , Messieurs , trans-
mettre ces observations aux directoires
de districts , pour qu'ils en donnent
connoissance à leurs municipalités respectives.

TITRE IX.

De la cote de l'habitation.

Loi du 18 Février 1791.

Article XXVII. La partie de la contribution qui sera établie à raison de l'habitation , sera du trois centième du revenu
présumé d'après les loyers d'habitation.

La base de cette taxe est la même
que celle des revenus mobiliers , c'est
toujours le loyer d'habitation.

Ainsi , celui qui avec un loyer de
600 livres sera présumé avoir 2,400 liv.
de revenu , devra être taxé à la cote

d'habitation au trois centième de 2,400 l.,
c'est-à-dire à 8 livres.

Toutes les dispositions décrétées en
faveur des pères de famille, des artisans, marchands et commis, de même
que celles qui concernent les célibataires,
sont communes à la cote d'habitation,
et à celle des revenus mobiliers.

Ces deux cotes doivent être fixées
d'après le revenu présumé ; tout ce qui
sert à régler la présomption, s'applique
à l'une comme à l'autre.

Mais elles diffèrent en ce que la cote
d'habitation est fixée sur la totalité des
revenus et sans déduction de ceux qui
proviennent des propriétés foncières,
au lieu que la cote des revenus mobiliers ne peut s'étendre sur les revenus de propriétés foncières.

Par exemple, un particulier a 600 l.
de loyer.

Son revenu présumé, d'après la seizième
classe du tarif, est de...... 2,400^{lt}

La cote des revenus mobiliers
au sou pour livre, est de 120 l. ;
mais il justifie avoir 1,200 liv.

de rentes de propriété foncière ,
sa taxe est fixée à............   60

Celle d'habitation est fixée
sans déduction au trois cent ème
du revenu total de 2,400 livres
présumé d'après l' loyer d'habitation de 600 liv............   8

Cependant cette taxe est susceptible
de diminution et d'augmentation. C'est
la disposition de l'article suivant.

XXVIII. La cote d'habitation sera
susceptible d'augmentation et de diminution. On établira par addition au marc
la livre d'abord sur la cote des facultés
mobiliaires jusqu'au dix-huitième seulement, et ensuite sur la cote d'habitation, ce qui restera à répartir au-delà
du produit des autres cotes, pour par-
faire la cotisation générale de chaque
municipalité ; mais si le produit des
diverses cotes de la contribution mobiliaire excède la somme assignée par le
mandement, la répartition de cet excé-
dent sera faite par diminution au marc
la livre sur la cote d'habitation, et ensuite au marc la livre sur la cote des
facultés mobiliaires , lorsque la totalité

de la cote d'habitation se trouvera
absorbée.

Nota. La loi du 3 juin 1791 porte :
que tout contribuable qui justifiera avoir
été taxé dans le rôle , et à raison
du principal de la contribution mobiliaire, sur sa cote d'habitation , à une
somme plus forte que le quarantième
de son revenu présumé d'après les
loyers d'habitation , aura droit à une
réduction en se conformant aux règles
qui ont été et qui seront prescrites.

TITRE X.

*Du lieu où l'on doit être taxé à la
contribution mobiliaire.*

Loi du 18 Février 1791.

Article XXIX. Nul ne sera taxé à
la contribution mobiliaire qu'au lieu
de sa principale habitation , et sera consi-
dérée comme habitation principale celle
dont le loyer sera le plus cher : en conséquence, tout citoyen qui aura plusieurs
habitations , sera tenu de les déclarer

à chacune des municipalités où elles sont situées ; il indiquera celle dans laquelle il doit être imposé , et justifiera dans les six mois l'avoir été : si au surplus il a des domestiques et des chevaux dans différentes habitations , chaque municipalité taxera dans son rôle ceux qui séjourneront habituellement dans son territoire.

Cet article a été déterminé par la nécessité de prévenir les abus. Les municipalités devront veiller à son exécution , et ôter aux citoyens qui n'auroient pas assez de patriotisme pour se soumettre à la contribution commune, tout espoir d'y échapper.

Faute d'avoir fait la déclaration prescrite par cet article , plusieurs citoyens se sont trouvés imposés, pour 1791 , à la contribution mobiliaire dans les différentes communes où ils avoient des habitations. Il paroît que l'esprit de la loi est qu'il ne leur soit , en ce cas, accordé aucune décharge des doubles taxes qu'ils auront supportées par leur ignorance de la loi , qui ne se présume jamais lorsqu'elle a été promul-

guée , ou par leur négligence à s'y
soumettre. C'est ce que l'instruction de
l'assemblée nationale prononce d'une
manière positive pour ceux qui, aux
époques fixées par la loi, n'auroient
pas fait faire les déductions pour raison
de leur revenu foncier. Le motif sur
lequel l'assemblée s'est fondée pour pro-
noncer cette disposition qui paroit rigoureuse, est qu'il seroit trop embar-
rassant de faire cette déduction lorsqu'une fois les rôles auront été arrêtés,
et que le contribuable n'éprouvera que
la juste peine de sa négligence en
payant sans déduction.

Ce même motif subsistant pour ceux
qui n'ont pas fait la déclaration prescrite par le présent article , il est à
craindre que l'on ne leur applique les
dispositions relatives à la non-déduc-
tion des revenus fonciers.

L'instruction de l'assemblée nationale
sur l'article XVII de la présente loi
paroit même l'ordonner d'une manière
plus précise encore, en disant : que
tout citoyen qui demeure dans une
maison commune sera dans le cas d'être

taxé , *s'il ne justifie pas l'être ail-*
leurs.

Pour éviter toutes difficultés à cet
égard, les contribuables doivent s'em-
presser de faire la déclaration prescrite
aux époques fixées dans le titre ci-après.
La formule de cette déclaration est
simple et doit être conçue ainsi qu'il
suit :

*MODÈLE de déclaration à faire par les
personnes qui ont plusieurs habitations.*

Je soussigné , déclare que mon habitation à Paris, (*ou dans tel autre lieu*)
étant de , (*mettre le prix de l'évaluation
du loyer*) est celle que j'occupe à
n'étant que de la somme
de (*mettre le loyer ou
l'évaluation*). Je dois aux termes de
l'article XXIX être imposé à Paris ou
à comme étant le lieu de ma
principale habitation , et m'oblige ,
conformément audit article, de justifier dans les six mois de la taxe que
j'y aurai supportée.

(117)

TITRE XI.

*De l'époque et de la forme des déclara-
tions à faire par les contribuables.*

Loi du 18 Février 1791.

Article XXXII. Aussitôt que les
municipalités auront reçu le présent
décret, et sans attendre le mandement
du directoire du district, elles forme-
ront un état de tous les habitans domiciliés dans leur territoire ; elles le feront
publier, et le déposeront au greffe de
la municipalité, où chacun en pourra
prendre connoissance.

XXXIII. Dans la quinzaine qui suivra
la publication, tous les habitans feront
ou feront faire au secrétariat de la
municipalité, dans la forme ci-après
prescrite, une déclaration qui indiquera
1°. s'ils ont ou non les facultés équivalentes à celles qui peuvent donner la
qualité de citoyen actif; 2°. le nombre
de leurs domestiques ; 3°. celui des
chevaux et mulets de selle, de carrosses, cabriolets et litières ; 4°. la

situation et la valeur annuelle de leur habitation ; 5°. s'ils sont célibataires ou non, et le nombre de leurs enfans ; 6°. s'ils sont manouvriers, et artisans, marchands en détail, commis et employés à appointemens fixes, ou salariés publics ; 7°. enfin, pour ceux qui sont propriétaires, les sommes auxquelles ils auront été taxés pour la contribution foncière, dans les divers départemens.

XXXIV. Ce délai passé, les officiers municipaux avec les commissaires - adjoints procéderont à l'examen des déclarations, suppléeront à celles qui n'auront pas été faites, ou qui seroient incomplettes d'après leurs connoissances locales, et les preuves qu'ils pourront se procurer.

Le délai pour les déclarations borné à la quinzaine qui suivra la publication de l'état des habitans, n'a eu lieu que pour l'année 1791 ; pour les années suivantes, il a été fixé par l'art. XXV, au premier décembre.

Il est cependant à propos d'observer que l'on est toujours à tems de faire ces déclarations, lorsque la note des changemens n'a pas été envoyée au district par les municipalités, pour la confection des rôles de l'année suivante.

Modèle de déclaration pour la contribution mobiliaire.

MUNICIPALITÉ D.

Section d

L   demeurant à

Je soussigné , habitant domicilié dans la municipalité de
pour me conformer aux dispositions de l'article XXXIII de la loi du 18 février 1791 , concernant la contribution mobiliaire , déclare 1°. que j'ai les facultés équivalentes à celles qui peuvent donner la qualité de citoyen actif.

2°. Que j'ai (*nombre de domestiques mâles ou femelles.*).

3°. Que j'ai (*nombre de chevaux ou mulets de selle ou de chevaux ou mulets de carosse , litière ou cabriolet*).

4°. Que mon habitation est dans la rue de   n°.   et que la valeur annuelle de cette habitation est de la somme de

5°. Que je suis (*célibataire ou marié ou père de plus de trois ou de plus de six enfans.*

6°. Que je suis (*artisan ou manouvrier, ou marchand en détail, ou commis, ou employé à appointemens fixes, ou salarié public, avec l'indication du montant des appointemens ou salaires).*

7°. Que je suis propriétaire dans la municipalité de   et qu'en somme totale j'y paye la contribution foncière, à raison d'un revenu de   , ainsi qu'il résulte des extraits des rôles que je joins à la présente.

Fait à   le

TITRE XII.

Des demandes en décharge ou réduction.

Loi du 26 Août 1792.

Article premier. Tout contribuable qui aura été compris dans les rôles de la contribution mobiliaire de deux communautés, se pourvoira contre ce double emploi auprès du directoire du district, dans l'arrondissement duquel il ne doit pas rester cotisé ; il joindra à son mémoire un extrait de la matrice du rôle de la communauté de sa principale habitation, c'est-à-dire celle dont le loyer est le plus cher.

II. Si les deux communautés sont situées dans le même district, l'extrait sera certifié par les officiers municipaux du lieu de la principale habitation.

Si elles sont situées dans deux districts d'un même département, l'extrait certifié par les officiers municipaux sera

visé par le directoire du district dont dé-
pend cette municipalité.

Si enfin elles sont situées dans deux
départemens, l'extrait certifié par les officiers municipaux, visé par le directoire de district, sera en outre revêtu
du visa du directoire du département.

III. Le directoire du district exami-
nera s'il résulte de l'extrait produit par
le contribuable, que l'habitation qu'il
indique est réellement telle; c'est-à-dire,
si c'est-là que le loyer qui a servi de
base à la cote est le plus fort, et dans
ce cas il prononcera la décharge.

IV. La décharge accordée d'après l'article ci-dessus ne portera point sur les
taxes à raison des domestiques et chevaux, attendu que conformément à l'article XXIX de la loi du 18 février 1791,
le contribuable doit rester cotisé pour les
domestiques et chevaux qu'il peut avoir
dans la communauté.

V. Tout particulier qui n'ayant point
les facultés équivalentes à celles qui
donnent la qualité de citoyen actif, se
trouvera néanmoins compris dans le rôle
de contribution mobiliaire, s'adressera

au directoire de district , qui d'après la
vérification du fait , prononcera la décharge , s'il y a lieu.

VI. Aucune demande en réduction ne
pourra être admise , si elle n'est formée
dans les trois mois qui suivront la publication du rôle de la contribution mobiliaire dans la communauté , et si le réclamant ne justifie avoir payé les termes
de la cotisation échus , au jour où la
demande sera formée.

VII. Tout contribuable qui réclamera
une réduction , sera tenu de joindre à
sa demande , 1°. un extrait de la matrice du rôle de sa communauté , contenant chaque article de ses taxes ;
2°. une déclaration de son loyer , du
nombre de ses domestiques , de celui de
ses chevaux , et d'adresser le tout au directoire du district.

VIII. Le directoire du district fera
enregistrer par extrait , au secrétariat
sur un registre d'ordre , toutes les demandes qui lui seront adressées , après
avoir vérifié que les formalités prescrites
par les deux articles précédens ont été
observées par le réclamant , et renverra

ensuite dans la huitaine, chaque mémoire à la municipalité.

IX. A la réception de la demande,
le conseil-général de la commune sera
convoqué, et sera tenu de délibérer,
dans la huitaine au plus tard, si la demande lui paroît fondée ou non, en exprimant sur chaque article, dans le cas
de l'affirmative, à quelle somme la réduction lui paroîtra devoir être réglée.

X. Le procureur de la commune renverra dans la huitaine suivante, le mémoire et pièces y jointes, avec une es-
pédition de la délibération, au directoire du district.

XI. Lorsque le conseil-général de la
commune aura reconnu que la réclamation est juste, le directoire du district prononcera la réduction demandée.

XII. Lorsque le conseil-général de la
commune aura délibéré que la réclamation n'est fondée qu'en partie, la délibération sera communiquée au réclamant, qui sera tenu de déclarer s'il
adhère ou non à la délibération; et
dans le cas d'adhésion, le directoire de

district prononcera la réduction qui aura été délibérée par le conseil-général.

XIII. Dans le cas de refus de la part du réclamant, ou lorsque le conseil-général de la commune aura délibéré que la réclamation n'est pas fondée, le directoire du district ordonnera une vérification.

XIV. Si la contestation a pour objet le refus d'accorder au contribuable la réduction qu'il aura demandée, à raison du paiement d'une contribution foncière, ou le refus de le classer en raison de sa qualité de père de famille, d'artisan, de manouvrier, marchand ou commis ; si elle a également pour objet la taxe d'un célibataire, des trois journées de travail, ou celle à raison des domestiques ou à raison des chevaux, le directoire commettra un visiteur des rôles, ou un citoyen résidant sur les lieux, pour vérifier le fait.

XV. Le commissaire recevra du directoire de district, le mémoire et les pièces du réclamant, et la délibération du conseil-général de la commune ; le directoire de district fixera trois jours à l'avance celui où le commissaire devra remplir sa commission, et il en sera donné avis à la municipalité et au réclamant.

XVI. La municipalité nommera de son côté un commissaire pour assister aux opérations du commissaire de district, qui se feront au lieu ordinaire des assemblées de la commune : le réclamant y assistera par lui ou un fondé de pouvoirs, et il sera du tout dressé procès-verbal, lequel sera envoyé de suite au directoire de district.

XVII. Si la réclamation a pour objet la taxe mobiliaire ou d'habitation, le directoire du district nommera deux experts pour procéder à une nouvelle évaluation des loyers.

XVIII. Les experts prendront au directoire du district le mémoire et les pièces du réclamant, et la délibération du conseil-général de la commune. Le directoire du district fixera trois jours à l'avance celui de leur descente sur les lieux, et il en sera donné avis à la municipalité et au réclamant.

XIX. La municipalité nommera deux

commissaires pour être présens aux opérations des experts, et le réclamant y
assistera par lui ou un fondé de pouvoirs. Les commissaires et le réclamant
indiqueront les loyers et fourniront les
autres renseignemens qui seront demandés : les commissaires représenteront
même la matrice de rôle de la communauté, si les experts la demandent ;
et il sera du tout rapporté procès-verbal, lequel sera envoyé de suite au
directoire de district.

XX. Le directoire du district prononcera dans la quinzaine après le dé-
pôt des procès-verbaux ; et il enverra
sa décision à la municipalité, qui sera
tenue de la faire publier le dimanche
suivant.

XXI. La décision du directoire du
district sera exécutée provisoirement ;
et si la partie réclamante, ou le conseil général de la commune se croit
fondé à se pourvoir devant le directoire
du département, il y sera procédé à la
discussion et à l'examen de la réclamation, de la même manière que devant
le directoire du district.

XXII. Aucune demande en réclamation ne sera reçue au département, si elle est formée avant le délai de quinzaine après la publication de la décision du directoire de district, ou si elle n'est pas formée dans la quinzaine suivante.

XXIII. Toutes les fois que, d'après la réclamation sur la taxe mobiliaire ou d'habitation, il aura été procédé par experts à une évaluation des loyers, aucun des articles ainsi réglés, ne pourra être cotisé qu'en conformité de cette évaluation, pendant les dix années suivantes, à moins qu'il ne soit ajouté de nouvelles constructions à l'habitation, ou qu'avant ce temps il ne soit procédé à une évaluation générale des loyers de la communauté.

XXIV. Il sera libre à plusieurs contribuables de se réunir et de former leur demande en commun : elle devra être formée, instruite et décidée conformément aux dispositions ci-dessus prescrites.

XXV. Lorsque les demandes en réduction seront formées par un ou plusieurs contribuables, dont les cotisations réunies excéderont le tiers du montant du rôle de la contribution mobiliaire de la communauté, et qu'il sera nécessaire d'ordonner une vérification par experts, et une nouvelle évaluation des loyers, le directoire du département, sur l'avis du directoire du district, nommera deux experts pour faire une évaluation générale.

XLIX. Dans tous les cas où il aura été nommé des experts, les parties intéressées à la réclamation seront tenues d'adresser; leurs moyens de récusation, si elles en ont, au directoire de district ou de département, avant le jour fixé pour la descente des experts, et le directoire prononcera sur ces moyens.

L. Les experts rédigeront leurs procès-verbaux sur les lieux; les commissaires et les réclamans seront interpelés de les signer, et s'ils s'y refusent, il sera fait mention de leur refus. Ces procès-verbaux ne seront soumis ni au timbre ni à l'enregistrement; l'original sera déposé au secrétariat du corps administratif qui aura ordonné le procès-verbal; il sera numéroté et enregistré, et il en sera remis des copies aux districts et aux municipalités pour ce qui les concerne.

LII. Dans le cas où le montant des réductions prononcées en faveur d'un ou plusieurs particuliers d'une communauté excéderoit le sixième du montant total du rôle de la communauté, ces réductions ne seront pas imputées sur les fonds des non-valeurs; mais le montant sera réparti sur le rôle de l'année, en exceptant les réclamans au profit desquels les réductions auroient été prononcées.

LIII. Les frais d'expertise seront réglés au pied des procès-verbaux, par les corps administratifs qui les auront ordonnés. Dans le cas de réclamation d'un contribuable contre l'évaluation faite par la municipalité de sa communauté, les frais seront supportés par le réclamant, soit que sa demande en réclamation ait été rejetée, soit qu'il ait refusé la réduction offerte par le conseil-général, si elle est jugée suffisante; et ils seront supportés par la

communauté, si elle a mal-à-propos
contesté la demande, ou n'a consenti
qu'à une réduction inférieure à celle
qui sera fixée.

LIV. Il en sera de même, lorsque
plusieurs contribuables se seront réunis
pour former leur demande en réclamation et lorsqu'elle n'aura point donné
lieu à l'évaluation générale des loyers
de la communauté.

LV. Dans le cas où la demande en
réclamation d'un ou plusieurs contribuables, dont les cotisations réunies
excéderont le tiers du montant du rôle
de la contribution mobiliaire de la communauté, sera rejetée après avoir donné
lieu à une évaluation générale des loyers
de la communauté, les frais seront supportés par tous les contribuables de la
communauté, en évaluant pour cette
répartition, au double de leur produit,
les loyers des contribuables réclamans.

LVI. Dans le cas au contraire où la
réclamation des contribuables sera admise, les frais seront supportés par tous
les contribuables de la communauté, en
évaluant, pour cette répartition, les

loyers des contribuables réclamans, à la moitié seulement de leur produit.

LVII. Dans le cas où une communauté aura demandé l'évaluation générale des loyers de son territoire, les frais seront supportés par tous les contribuables de la communauté, au marc la livre de leur contribution mobiliaire.

LVIII. Les frais auxquels aura été condamné le particulier, seront, à défaut de paiement dans le mois, portés par émargement à sa cote, avec les taxations du receveur en proportion ; et le contribuable sera obligé au paiement de la somme émargée comme pour la contribution même.

LIX. Le montant des frais auxquels sera condamnée une communauté, sera émargé sur le rôle de la contribution mobiliaire, les cotes des réclamans exceptées ; mais ces émargemens ne pourront, chaque année, excéder la moitié du principal de la contribution.

Modèle

MODÈLE *des reclamations à former sur la contribution mobiliaire.*

Réclamation formée par un particulier qui aura été imposé dans deux communautés.

Aux administrateurs composant le directoire du district de

Si la réclamation a lieu pour imposition établie à Paris , le mémoire doit être présenté au comité contentieux des impositions , place des Piques , ci-devant place Vendôme , n°. 5.

Le citoyen   demeurant à   vous représente que son habitation principale étant à   où son loyer est de 1200 livres et y ayant été imposé pour toutes ses facultés mobiliaires , ainsi qu'il résulte de l'extrait de la matrice du rôle de ladite communauté , joint au présent

H

mémoire , (*cet extrait doit être certifié par les officiers municipaux du lieu de la principale habitation*)
il a été mal-à-propos , compris au rôle de la contribution mobiliaire de
  où son loyer n'est que de 300 livres , à une somme de

Savoir :

Cotes fixes.................	2	#	5 ſ
Cote d'habitation.........	1		
Cote mobiliaire..........	15		
	———		
	18	#	5 ſ
Sous additionnels.........	3		12
	———		
	21	#	17 ſ
Charges de la municipalités..................			18
	———		
	22	#	15 ſ

quoiqu'il eût fait à ladite municipalité la déclaration de son habitation princi-

pale où il devoit être imposé , et qu'il
se fût soumis de justifier dans les six
mois l'avoir été , conformément à l'article 29 de la loi du 8 février 1791. Il
demande en conséquence la décharge de
sa cotisation dans ladite commune de
          ; sa réclamation est fondée sur
le texte même de l'article ci-dessus cité ,
lequel porte que nul ne sera taxé à la
contribution mobiliaire , qu'au lieu de
sa principale habitation , et que l'on
considérera comme habitation principale
celle dont le loyer sera le plus cher.

Nota. Il est nécessaire que le contribuable déclare qu'il acquiesce à la cotisation faite dans le lieu où le loyer est
le plus fort.

Tous les mémoires seront rédigés à-
peu-près dans la même forme , il suffira dénoncer clairement le fait, et de
citer l'article sur lequel on fonde sa réclamation.

E X E M P L E S.

1°. Un citoyen qui n'ayant aucune

propriété , et à qui un travail journalier ne procure en salaire que le prix des journées arrêté par le département, aura été imposé au rôle de la contribution mobiliaire , citera l'article XII de la loi du 18 février 1791.

2°. Si le réclamant a été imposé à la cote mobiliaire au-delà du dix-huitième de son revenu présumé d'après son loyer , il citera l'article XVI , de la même loi.

3°. S'il a été imposé à la cote d'habitation et à raison du principal de la contribution mobiliaire à une somme plus forte que le quarantième de son revenu présumé , d'après son loyer , il citera la loi du 3 juin 1791.

4°. S'il ne lui a pas été fait dans le réglement de la taxe mobiliaire , une déduction proportionnelle à son revenu foncier , lorsqu'il aura fait sa déclaration dans les délais prescrits , il citera les articles XIX et XX de la loi du 18 Février 1791.

5°. S'il est père de plus de trois ou de plus de six enfans , et que dans le premier cas il n'ait pas été placé dans une classe inférieure à celle où son loyer le feroit placer, et dans le deuxième cas, deux classes au-dessous, il citera l'article XXIII de la même loi.

6°. S'il est manouvrier ou artisan, marchand ayant boutique ouverte et vendant en détail, ou commis et employé à appointemens fixes, et que l'on ne l'ait pas cotisé à deux classes au-dessous de celle où son loyer le placeroit, ou lorsqu'il sera dans la dernière classe, et que sa cote n'aura pas été réduite à moitié de celle que son loyer établiroit, il citera l'article XXIV de la même loi, pourvu toutefois qu'il ait fait les déclarations nécessaires dans les délais prescrits.

7°. Si, étant pourvu d'une patente, prise sur la valeur exacte de son loyer, on ne lui a pas déduit la taxe proportionnelle à la valeur locative de ses ateliers, chantiers, boutiques et magasins, il citera la loi du 6 avril 1791.

Nota. Les observations générales rapportées au titre des décharges et réductions, remises et modérations sur la contribution foncière, s'appliquent également à la contribution mobiliaire.

TITRE XIII.

De la perception et du recouvrement.

Nota. Voir ce qui a été dit à cet article sur la contribution foncière, tout ce qui s'applique à l'une de ces contributions s'applique également à l'autre.

Loi du 8 Avril 1792,

Relative aux émigrés.

Article XXIV. Les émigrés qui sont rentrés en France depuis le 9 février dernier, et ceux qui rentreront dans le délai d'un mois, après la promulgation du présent décret, seront réintégrés par les directoires de département dans la jouissance de leurs biens, sans qu'ils soient obligés de fournir le certificat exigé par l'article IX de la présente loi, en payant les frais d'administration, l'année courante de leurs contributions foncière et mobiliaire, et toutes leurs contributions arriérées, et de plus à titre d'indemnité une somme double de leurs contributions foncière et mobiliaire pour la présente année.

La même indemnité sera due à la nation, et par elle exercée sur les droits successifs échus ou à écheoir aux enfans de famille en état de porter les armes, qui ont émigré.

Arrêté du Département de Paris,

Du 27 Décembre 1792,

Concernant les païemens à faire par forme d'à-compte ou de consignation, sur la contribution mobiliaire de 1792, par les citoyens qui déménageront les huit et quinze janvier 1793, avant l'émission des rôles définitifs.

Article premier. Les citoyens qui déménageront au premier janvier 1793, seront tenus de consigner entre les mains du percepteur de l'arrondissement , la totalité en principal de leur contribution mobiliaire de 1792 , d'après l'extrait de la matrice des rôles de cette année délivré , et signé d'un officier municipal , sauf à rectifier en définitif , après l'émission du rôle , même de tenir compte aux contribuables de toutes les déductions et décroissemens de taxes auxquels ils seroient fondés à prétendre , d'après les articles XIX, XX, XXIII et XXIV de la loi du 18 février 1791 , dans la proportion de leur consignation.

II. Tous les contribuables qui sont présumés n'avoir pas les facultés des trois journées de travail , seront dispensés de la consignation prescrite par l'article précédent , en justifiant , par un certificat du comité de leur section , qu'ils n'ont pas les facultés équivalentes à ces trois journées.

III. Ceux des émigrés rentrés en France depuis le 9 février dernier , et dans le mois de la promulgation de la loi du 8 avril 1792 , acquitteront , conformément à cette loi une somme double de leurs contributions foncière et mobiliaire de 1792 , en principal , aussi sur la représentation de l'extrait de la matrice des rôles , mentionné dans l'article premier.

IV. A l'égard des sous additionnels desdites contributions de 1792 , dont la fixation n'est point encore consommée , ils seront provisoirement acquittés sur le pied de six sous six deniers pour livre.

V. Les percepteurs des contributions directes sont autorisés à recevoir les consignations et paiemens des contributions de 1792 , en principaux et sous additionnels , mentionnés aux articles I , III et IV , et à en délivrer quittances , ainsi que des certificats de décharges aux citoyens compris dans l'article II.

TITRE XIV.

Des formalités à observer par les personnes qui ont à recevoir dans les différentes caisses nationales.

Loi du 18 Février 1791.

Article XXII. Toute personne ayant

un salaire , pension ou traitement public au-dessus de la somme de 400 liv-
ne pour a en toucher aucune portion
pour 1792 , qu'il ne représente la quittance de sa contribution mobilière de
1791 , et ainsi de suite chaque année.

Décret du 24 juin 1791 ,

Scellé le 25 juillet.

A compter de ce jour , il ne sera
fait dans les différentes caisses nationales à aucun français , ayant traitement , pension ou créance à exiger ,
aucun paiement à moins qu'il ne se
présente en personne, même à la charge
de faire certifier par la municipalité des
lieux , ses noms et qualités , s'ils ne
sont pas connus. Dans le cas où lesdits français ne pourroient pas se transporter en personne aux caisses où les
paiemens doivent s'exécuter , ils ne
pourront toucher leur paiement que par
un fondé de leur procuration spéciale ,
à laquelle sera joint un certificat que
la personne qui a donné la procuration

est actuellement et habituellement do-
miciliée dans le royaume. Le certificat
sera expédié par la municipalité du lieu
du domicile, visé par le directoire du
district.

Et dans le cas où il seroit question
d'un fonctionnaire public, le certificat
qui sera joint à sa procuration, justifiera qu'il est actuellement à son poste.
Dans tous les cas et avant de faire aucun paiement, le trésorier chargé de
l'acquitter se fera représenter la quittance du paiement fait par la partie
prenante, tant de ses impositions pour
l'année 1790, et les années antérieures,
que des deux premiers tiers de sa contribution patriotique, ou déclaration
qu'il n'a pas été dans le cas d'en faire :
si la partie prenante n'avoit pas encore
acquitté ses impositions ou sa contribution patriotique, il lui sera libre d'en
offrir la compensation avec ce qui lui
est dû ; auquel effet ladite partie, ou
son fondé de procuration rapporteront
le bordereau, certifié par le directoire
du district, de ce dont ils seront dé-

biteurs , soit pour impositions , soit pour contribution patriotique.

Ne sont compris dans les dispositions du présent décret les effets payables au porteur , les lettres de change , la solde des troupes , suivant les revues des commissaires , les sommes dues aux ambassadeurs étrangers, créanciers ou pensionnaires de l'état.

Décret du 27 Juin 1791 ,

Interprétatif de celui du 24 dudit mois ;

Relatif aux justifications à faire pour obtenir le paiement des créances et autres sommes dues par l'état.

Les personnes qui se présenteroient d'ici au 10 juillet prochain pour toucher des paiemens , en vertu de procurations de personnes domiciliées dans les divers départemens du royaume , lesdites procurations antérieures en date audit jour 24 juin , et d'après des reconnoissances de liquidation pareillement antérieures au

au 24 juin, recevront ledit paiement
sous les deux conditions suivantes,
1°. de certifier personnellement de la
part des fondés de procuration, le domicile actuel et habituel dans le royaume,
des personnes au nom desquelles ils se pré-
senteront ; 2°. de laisser entre les mains
du trésorier un dixième des sommes qui
devoient être payées, lequel demeurera
jusqu'à la représentation des quittances
d'impositions et de contribution patriotique.

Ce même décret porte aussi que les
paiemens à faire des secours accordés
ci-devant sur les fonds du clergé, des
économats, de la loterie royale, ne
sont pas compris sous les dispositions
du décret du 24 juin.

L'article VII du décret du 29 juillet
1791, scellé le 6 août, interprétant,
en tant que de besoin, les décrets des
24 et 27 juin ci-dessus énoncés porte :
1°. que les impositions dont elle entend
que le paiement soit justifié, sont les impositions personnelles, desquelles le
paiement sera justifié ou par les certi-

I

ficats des municipalités, portant que les
impositions ont été payées, ou par des
quittances visées, soit par les municipalités, soit par les districts des lieux,
à l'exception des quittances qui seroient
délivrées par les receveurs des impositions de Paris, lesquelles ne seront pas
sujettes au visa. A défaut de représentation desdits certificats ou quittances,
il faudra justifier qu'il ne se payoit
aucune imposition personnelle dans le
lieu où l'on avoit son domicile.

2°. Que la justification requise par
lesdits décrets du paiement des impositions des années 1790 et années antérieures, sera regardée comme faite com-
plétement par la production de la quittance des deux dernières années.

3°. Que lesdits certificats et quittances
de paiement d'impositions seront expé-
diés en papier non-timbré.

VIII. Les personnes qui, en justifiant
d'ailleurs de leur domicile actuel et
habituel dans le royaume, ne pourroient
pas justifier à l'instant du paiement de
leurs impositions et contributions, pour-

(147)

ront obtenir le paiement de ce qui leur
est dû, en laissant par forme de nantissement, entre les mains des trésoriers
et payeurs, un dixième de ce qu'elles
auroient à recevoir pour chacune des
années, pour lesquelles elles ne justifie-
roient pas du paiement de leurs impositions et contributions. Ce dixième retenu leur sera remis en rapportant les
quittances des impositions et contributions qui étoient dues.

IX. Les trésoriers et payeurs auxquels
les certificats de domicile et les quittances d'impositions et contributions
auront été exhibés, les remettront aux
parties, à la charge qu'il sera fait état
dans la quittance donnée par les parties
prenantes, de chacune desdites pièces,
de leur date et des personnes par lesquelles elles auront été expédiées pour
y recourir au besoin.

Les personnes habituellement domiciliées dans les Colonies Françaises qui
se trouvent actuellement à Paris, et les
fondés de procuration desdites personnes
qui sont actuellement dans les Colonies

justifieront de leur domicile par la déclaration de deux colons propriétaires
connus et domiciliés à Paris : à l'égard
des impositions et contributions , on
n'exigera deux d'autre justification que
celle du paiement de la contribution
patriotique , et à défaut de cette justification , il sera retenu par forme de
nantissement , comme il est dit ci-dessus ,
le dixième des sommes qui devroient leur
être payées.

X. Lorsqu'une créance sera établie
par un titre collectif, mais en faveur
de plusieurs individus personnellement
dénommés , les justifications requises se
feront par chacun desdits individus dis-
tinctement , sauf aux parties qui se trou-
veront en état de faire lesdites justifications , à faire diviser le titre , et
à s'en faire délivrer une ampliation
pour ce qui les concerne : à l'égard
des créances qui appartiennent , soit à
des sociétés , soit à des créanciers unis
en direction avec établissement de sé-
questre , il suffira auxdites sociétés de
justifier qu'elles ont payé collectivement

leurs impositions et contributions, et
aux créanciers unis de justifier du paiement des impositions et contributions de
leur débiteur.

XI. Après le premier octobre prochain, les créanciers de l'état et autres
personnes dénommées dans le décret du
24 juin dernier seront tenues de justifier qu'elles ont satisfait au décret du
28 juin pareillement dernier, pour l'acquit des impositions de la présente année 1791.

Loi du 18 Août 1791.

Tous huissiers priseurs, receveurs des
consignations, commissaires aux saisies
réelles, séquestres et tous autres dépositaires de deniers ne remettront, aux
héritiers, créanciers et autres personnes
ayant droit de toucher, les sommes sé-
questrées ou déposées, qu'en justifiant
du paiement des impositions mobiliaires
et contributions publiques, dues par les
personnes des chefs desquels lesdites
sommes seront provenues ; seront même

I 3

autorisés, en tant que de besoin, lesdits séquestres, et dépositaires, à payer
directement les contributions qui se trou-
veront dues, avant de procéder à la
délivrance des deniers, et les quittances desdites contributions leur seront
passées en compte.

Le même décret porte que les régle-
mens ci-devant faits pour la sûreté du
recouvrement des impositions personnelles, notamment dans la ville de Paris,
relativement aux déclarations que doivent faire les propriétaires et principaux
locataires seront exécutés provisoirement
et tant qu'il n'y aura pas été dérogé.

Loi du 10 Février 1792.

Les payeurs des rentes sont tenus de
donner aux parties prenantes une attes-
tation de la remise des certificats de résidence et quittance d'imposition, lorsque
lesdites parties l'exigeront ; ladite attesta-
tion de remise tiendra lieu de certificat de
résidence et de quittance d'imposition aux

citoyens qui auront plusieurs parties de rente à toucher.

Loi du 8 Novembre 1792.

Les parties prenantes dans les différentes caisses de la république et les fonctionnaires publics obligés de justifier de leur résidence en France, et de l'acquit des contributions, seront tenus, pour recevoir leur paiement, sans préjudice des autres formalités prescrites par les loix antérieures, de rapporter, en la même forme que par le passé, la quittance de la totalité de la contribution mobiliaire de 1791.

Loi du 20 Novembre 1792,

Portant exception pour les créanciers au-dessous de 800 livres en principal.

Article IV. Tous fournisseurs, ouvriers, domestiques et autres créanciers des ci-devant corps et communautés ecclésiastiques ou laïques supprimés (*et par conséquent créanciers de la nation*) seront dispensés de justifier de leur résidence, du paiement de leurs impositions et de la contribution patriotique, pourvu que leurs créances n'excèdent pas 800 livres en principal.

FIN.

TABLE.

CHAPITRE PREMIER.

(155)

De l'Imprimerie de LANGLOIS fils, rue du Marché-Palu, au coin du Petit-Pont. 1793.

Mais quand
Et quand la
Se foumettai
Le ciel alors
Il recevait po
Mépris, dégo
Le jufte ciel
Que les gran
Quoi ! difait
Tient fon g
Un lieut a
Dans un
Et moi g A
Je fuis le
Privé d'un
Lors il jura
Qu'il puni
Qui n'aurai
Et qu'il fer
Des cœurs

Il recev